FABLES

CHOISIES,

A l'ufage des ENFANS,

ET

Des autres Perfonnes qui commencent

à apprendre

La Langue Françoife.

Par *L. CHAMBAUD.*

A LONDRES:

M,DCC,XCII.

PREFACE.

To all the Little Miſſes and Maſters of Briſtol.

MY DEAR LITTLE FRIENDS,

I Shall make but little apology for commencing Author, though but eight years of age, as you'll find this publication but a few nuts I have been gathering in the garden of Minerva, crackt ready for your eating, and beg leave to offer you the kernels. Don't think I have the vanity to set up for a teacher; I only mean to facilitate your ſtudy of the French Language ; and I hope you'll think every attempt of that ſort laudable, though I ſhould not have done it in the ſtyle of a Barbauld, a More, or a Yearſley, yet I believe you'll underſtand mine better than either of theirs ; and as the ſubject of the Fables I have tranſlated is adapted to the capacity of ſuch little folks as we are, the language, I preſume, ſhould be ſo likewiſe : Beſides, I have been obliged to tranſlate theſe Fables as literally as the idiom of the two languages would admit, and my knowledge of the French language would permit me, not having learnt it but as many months as I have years, by which means you will have the general ſenſe of each ſentence, as well as the particular meaning of each word, the former of which I have found myſelf at a loſs for, during the courſe of this tranſlation. It is further intended that this publication ſhould be of uſe to young folks not thoroughly verſed in the orthography of the Engliſh language, that they may, after having tranſlated a Fable, compare it with mine, and thereby correct any errors they may have made in the ſpelling ; ſo that with this book, and the little

A   aſſiſtance affiſtance of a friend to give you the pronounciation, you may, in a few months, acquire a ſufficient knowledge of the French language to be able to read any Author in that language with the affiſtance of a dictionary, and be enabled to ſpell the Engliſh correctly. It may appear perhaps like preſumption in me to write at my age, but that you may put a more favourable conſtruction on it, I aſſure you, that my only view was to obey my Mamma by putting my ex-erciſes in a book apart; and as that appears to her to be a proper employment for youth, and what every well-bred child ought to ſpend part of its time in, my Mamma, in order to make my time of ſome uſe to others, though in ever ſo ſmall a degree, has thought proper to publiſh them. As ſhe often found my Maſter's preſence neceſſary, for want of a book of this ſort, it induced her to render that affiſtance to others ſhe found I was in want of. I hope this little performance of mine will excite an emulation in ſome of you to turn your performances to the like uſeful purpoſe, as there is a large ſcope in the grammatical part of our own language, the good grammars being written too obſtruce for our comprehenſion, and our teachers give themſelves too little trouble to explain them to us. If ſome of you little gentlefolks do not preſent us with one in your own ſtyle, I intend doing it myſelf as ſoon as I have been thro' the grammatical courſe I am in: Indeed, I think a few lines of every Fable in my tranſlation ſhould have the par-ſing to it, and which I intend doing if I ſhould have time.

I am,

My dear little friends,

Your moſt obedient

Humble ſervant,

MARIANNE INGLIS UNDERWOOD.

Thornbury-Lodge, Aug. 11, 1789.

SUBSCRIBERS.

A.

JOHN Archer, esq. eight copies
    Miss Archer, ditto
Mr. Alleyn
Mrs. Alleyn
Captain Atkinson

Mrs. Bath

B.

Mrs. Bath
Miss Bath
Mr. Broderip, six copies
Mr. Bowles
Mrs. Bosley, Jamaica
Mr. Bulgin
W. Broderip
Miss Bawn
Captain Butler

C.

Mr. Cook
Mr. Cairn, Birmingham, three copies
Miss Carnock
Mr. Cathcot
Mrs. Campbell
Miss Collins
Mrs. Church
Miss Julia Church
Captain Cook
Mrs. Croppext

Miss Delaroche,

D.

Miſs Delaroche
J. Delaroche, eſq.
Mr. W. Delaroche
Mr. Dowland
Miſs Dike
The Rev. Edward Davis
Mrs. Davis
William Downing

E.

Captain Extine
Mr. Edwards
Mrs. Eames

F.

Mrs. Freeman
Captain Fowler

G.

Mr. Galindo
Philip Galindo

A 3   Samuel Galindo

Samuel Galindo
Mrs. Groves
Miss Julia Grant
Mrs. Grant
Miss M. Galindo
Elizabeth Gilbert

H.

Mrs. Hunt
Mrs. Hollowell
Miss Hutchinson
The Rev. Mr. Haywood
Mr. Hawkins
Miss Haywood

J.

Mrs. Jacks

K.

Mr. Kerm, Birmingham, three copies
Mr. Kimberly, two ditto

Miss Leonard

L.

Miss Leonard
Miss M. Leonard

M.

Miss Minell
Mrs. Minell
Mr. Minell
Mrs. Martin

N.

Mr. Northcote
Mrs. Northcote
Master R. Northcote

P.

Cruger Peach, esq.
Mrs. Tollington Peach
Mrs. Pynock, two copies
Miss Parry

Mrs. Rolph.

R.

Mrs. Rolph, sen.
Mrs. Rolph, jun.
Mr. Rolph, jun.
Miss S. Rolph
Miss Reed

S.

Mrs. Smith, two copies
Mrs. Smyth
Mrs. Span
Mr. Richard Smith
Mr. R. Smith, jun.
Mr. H. Smith, jun
Miss Salmon
Mrs. Stock
Mr. Stock
Miss Symes
Mr. Scott
Mrs. Scott
Dr. Short

T.

Mr. Tomlinson

Mrs. Exuma

Mrs. Exuma Telfair
Miss Do. Telfair
Miss Mary Ann Tomlinson
Miss Christian Tomlinson
Miss Elizabeth Tomlinson
Rev. Mr. Thomas
Captain Tomlinson
Nathaniel Troughton

V.

Lady Vandiport

U.

Mrs. H. Underwood
Miss Sophia Underwood
Charles R. Underwood

W.

Mr. Warrell
Mr. Wasborough, sen.
Mr. Wasborough, jun.
Mrs. Wade
Captain Winten

Mrs.

Mrs. Whattard
Miss Washer

Y.

Mrs. Yearsley

FABLES
CHOISIES.

I. *Le Coq & la Pierre précieuse.*

UN Coq gratant sur un fumier, trouva
par hazard une pierre précieuse. Un
Lapidaire, dit-il alors, seroit bien-aise de
te trouver ; tu ferois sa fortune ; mais pour
moi, je préfère un grain d'orge à toutes les
pierres précieuses du monde.

Les choses ne font estimables qu'autant
qu'elles sont utiles.

II. *Le Loup & l'Agneau.*

UN Loup buvant à la source d'une fon-
raine, apperçut un Agneau qui buvoit
en même tems beaucoup plus bas. Il courut
auſſitôt à lui. Maraut, lui dit-il en colère,
pourquoi troubles-tu l'eau que je bois ? Monſieur, répondit l'Agneau, vous voyez bien que
l'eau coule de vous à moi, & qu'ainſi je ne
ſaurois faire ce que vous dites.

Tu es un Coquin, reprit le Loup, & je ſais
que tu parlas mal de moi l'année paſſée. Le

B   pauvre

pauvre innocent répondit tout tremblant, hélas ! mon cher Monſieur, je n'étois pas encore né. C'eſt donc ton frère, dit le Loup. En vérité, je n'en ai point, je vous aſſure. C'eſt donc ton père, ou ta mère, j'en ſuis ſûr, répliqua le Loup en furie, car je ſais fort bien que vous me haïſſez tous : C'eſt pour quoi tu payeras pour les autres. Et là deſſus il ſe jetta ſur l'Agneau, & le dévora.

Les méchans trouvent toujours aſſez de prétextes pour opprimer les innocens : & quand ils manquent de bonnes raiſons, ils ont recours aux calomnies.

III. *La Cigale & la Fourmi.*

LA Cigale, ayant paſſé tout l'été à ſe divertir, ſe trouva fort embarraſſée quand l'hiver fut venu. Elle mouroit de faim, n'ayant pas le moindre petit morceau de mouche, ni de ver à manger. Elle ſavoit que la Fourmi ſa voiſine avoit de bonnes proviſions, qu'elle avoit amaſſées pendant l'été. Dans ſon extrème beſoin elle s'adreſſa à elle, & la pria de lui prêter quelques grains pour ſubſiſter juſqu'au printems, l'aſſurant ſur ſon honneur qu'elle les lui rendroit ſans faute dans ce tems là. La Fourmi n'aime pas à prêter. Cela eſt fâcheux ; mais c'eſt ſon foible. Que feſiez-vous donc l'été paſſé, lui demanda-t-elle ? Je chantois, répondit la Cigale.

Cigale. Vous chantiez, dit la Fourmi; hé bien, dansez maintenant.

Il faut travailler tandis qu'on est jeune, & amasser, pour éviter les incommodités de la vieillesse.

IV. *Le Renard & le Bouc.*

UN Renard tomba par mégarde dans un puits. Comme il désespéroit d'en sortir, parce qu'il étoit profond, un Bouc passa par là, & lui demanda si l'eau étoit bonne. Elle est si bonne, dit le fin Renard, que je ne saurois me lasser d'en boire. Descens vite, cher ami, car tu n'as jamais bu de si bonne eau en ta vie. Le Bouc sauta aussitôt en bas. Et le Renard, profitant de l'occasion, monta sur ses cornes, & sortit promptement du puits, laissant le Bouc au fond. Ensuite il lui parla ainsi. Mon ami, si tu avois autant de jugement que de barbe, tu ne serois pas descendu dans ce puits, sans avoir auparavant songé aux moyens d'en sortir.

Considérez avant que de rien entreprendre.

V. *Le petit Poisson & le Pêcheur.*

UN Pêcheur ayant pris un fort petit Poisson, le pauvre animal le supplioit de

le rejeter dans l'eau. Que voulez-vous faire
de moi ? Je ne suis point encore assez gros,
disoit-il. Donnez-moi le tems de le devenir, & vous me repêcherez après. Je vous
ferai alors un bon plat ; au lieu que je ne
puis faire à présent qu'une petite bouchée.
Le Pêcheur répondit : C'est en vain que tu
harangues si bien. Je te tiens à cette heure,
& je ne suis pas sûr de te ratrapper. Tu
iras dans la poële, & tu seras frit dès ce soir.

On ne doit pas quitter le certain pour l'in-
certain.

VI. *La Grenouille & le Bœuf.*

UNE Grenouille voyant un Bœuf qui
paissoit dans un pré, souhaita pouvoir
l'égaler en grosseur. Voilà un animal d'une
belle taille, dit-elle, & elle se mit à enfler sa
peau ridée le plus qu'elle put. Puis regardant les petits, elle leur demanda si elle n'étoit
pas presqu'aussi grosse que le Bœuf. Ils re-
pondirent que non. Qu'en pensez-vous à
présent ? reprit-elle, en s'enflant encore davantage. Vous n'en approchez pas. Quoi
pas encore ? M'y voici donc ? Point-du-
tout. La chétive bête s'enfla tant qu'elle
créva.

Bien des gens oubliant ce qu'ils sont, font
une figure au-dessus de leur condition, & de
leur bien. Ils veulent être vêtus, logés,
nourris,

nourris, fervis comme les Grands : & les folles dépenfes qu'ils font pour cela, les ruinent à la fin totalement.

VII. *Le Renard & la Cicogne.*

LE Renard invita un jour la Cicogne à diner, & ne lui fervit que de la bouillie fort claire dans un plat. L'animal au long bec n'en pût goûter ; & le Drôle lapa tout en un inftant. La Cicogne pour fe venger du tour que lui jouoit le Renard, l'invita, à fon tour, quelque tems après ; & lui fervit un hachi de viande dans une bouteille dont le goulot étoit long & étroit. Allons, compère, point de façons, dit la Cicogne, faites, je vous prie, comme fi vous étiez chez vous. Et en même tems elle fe mit à manger de bon appétit. Le Renard qui ne pouvoit que lécher le dehors de la bouteille, fe retira tout honteux, & mourant de faim.

Attendez-vous à la pareille.

VIII. *Le Chien qui lacha fa proie pour l'ombre.*

UN Chien traverfant une rivière à la nage, & portant un morceau de chair dans fa gueule, vit fon image dans l'eau : & s'imaginant que c'étoit un autre chien qui portoit une autre proie, il voulut la lui arracher.

Mais

Mais il fut bien trompé, & fon avidité fut auffi en même tems bien punie : car il lâcha le morceau qu'il avoit á la gueule ; & ne put attraper celui qu'il vouloit avoir.

Le défir déraifonnable d'avoir trop nous fait fouvent perdre ce que nous poffédons.

IX. *La Vache, la Chévre, & la Brebis en fociété avec le Lion.*

LA Vache, la Chèvre, & la Brebis, s'affocièrent autrefois avec le Lion. Elles eurent foin de faire leurs conditions. Tout ce que chaque partie intéreffée prendroit à la chaffe, devoit être mis en commun, & partagé également fans injuftice. Il arriva que la Chèvre prit dans fes laqs un grand Cerf. Auffitôt elle en envoya donner avis à fes affociés. Lorfqu'ils furent venus, le Lion divifa la proie en quatre parties égales, puis il fit cette harangue. Je prends la première à caufe de ma qualité de Roi des animaux : la feconde, comme étant le plus fort & le plus courageux : la troifième, parce que je la veux, malgré vos dents : & que quelqu'un touche à la quatrième, s'il ôfe.

Ne faîtes jamais alliance avec quelqu'un plus puiffant que vous.

X. *Le*

X. *Le Loup & la Grue.*

UN Loup avoit avalé un os qui lui étoit resté dans le gosier. Comme il souffroit de très vives douleurs, il s'adressa à presque tous les animaux, & employa les plus belles promesses du monde, pour les engager à lui tirer cet os du gosier : mais aucun n'ôsoit le faire, de peur de quelque mauvais tour. Enfin la Grue, après lui avoir fait faire serment, que non seulement il ne lui feroit point de mal, mais que même il la récompenseroit comme il lui promettoit, hazarda son long cou dans la gueule du Loup, & tira cet os au péril de sa propre vie. Ensuite elle lui demande ce qu'il lui avoit promis pour ce signalé service. Va, lui dit le Loup, tu n'y penses pas. N'es-tu pas assez récompensée d'avoir retiré ta tête saine & sauve de ma gueule ?

C'est une chose fort commune dans le monde que d'avoir affaire à des ingrats. Il faut toujours s'y attendre, quand on rend service aux Méchans.

XI. *Le Rat de ville & le Rat des champs.*

LE Rat de ville invita un jour à diner le Rat des champs, pour lui faire voir la bonne chère qu'il fesoit, & afin de le dégoûter de la vie champêtre, où il ne mangeoit que des fruits & des racines. Quand le convive

convive fut arrivé, le Rat de ville le complimenta fort civilement fur le plaifir qu'il avoit de le voir chez lui; enfuite ils fe mirent à table. Comment trouvez-vous ce rôti, lui difoit-il? Goûtez de ce pâté, & puis nous mangerons du fromage qui eft délicieux.

Pendant qu'il le preffoit ainfi à manger, ils entendirent du bruit. Le Rat de ville décampe; fon camarade le fuit. Des chiens & des chats entrent dans l'endroit où ils étoient. Les Rats fe fauvent où ils peuvent. Le Campagnard qui n'avoit jamais eu tant de peur, de fa vie, fe fourra dans un coin qu'il trouva fort à propos, & s'y tint tapi dans une grande perplexité. Le Rat de ville accoutumé à cette forte d'aventures, reparut quand le bruit eut ceffé, & qu'il n'y eut plus rien à craindre. Allons, achever notre diner, dit-il à l'autre, j'ai affez mangé, répondit le Campagnard: venez demain diner chez moi. Je ne faurois me vanter de vous régaler fi bien. Nous n'aurons point de friandifes: mais du moins nous ne ferons point interrompus dans notre repas, & nous mangerons à loifir. Adieu; le plaifir qui eft accompagné de crainte, ne peut point s'appeler plaifir.

XII. *L'Ane*

XII. *L'Ane & le Sanglier.*

UN petit faquin d'Ane ayant rencontré un Sanglier, eut l'impudence de fe mo-quer de lui, & de l'infulter. Le Sanglier, en animal de cœur, commençoit déjà à lui montrer les dents, & alloit s'en venger, en le déchirant en pièces. Mais heureufement pour fon honneur, il fe retint. Miférable que tu es, lui dit-il, il me feroit facile de me venger de toi : mais je ne veux pas me fouiller du fang d'un auffi vil animal. Sou-viens-toi que tu n'es qu'un Ane.

Le mépris eft la feule vengeance qu'un homme d'honneur puiffe prendre d'un fot, & d'un miférable.

XIII. *L'Hirondelle & les petits Oifeaux.*

L'Hirondelle eft un oifeau fage, & qui a beaucoup de prévoyance. Comme elle voyage beaucoup, elle a beaucoup vu, & beaucoup appris. Un jour qu'un Payfan enfemençoit fon champ, elle affembla les pe-tits oifeaux, & leur parla ainfi. Voyez-vous, leur dit elle, ce que cet homme fait ? Il fème à l'heure qu'il eft de la graine qui fera un jour votre ruine, fi vous n'y remé-diez à tems : car il faut que vous fachiez que les filets des oifeleurs font tous faits de lin ou de chanvre. Ainfi croyez moi, man-gez cette graine de peur des fuites.

Les

Les oiseaux se moquèrent de l'Hirondelle, & de son beau discours. Ils trouvoient assez de quoi vivre, sans être obligés à manger du chenevis. Quand la graine eut germé, & q'uelle fut montée en tuyau : Arrachez cette maudite herbe brin à brin, s'écrioit le prévoyant oiseau : je vous plains, si vous ne le faites. Il est encore tems de prévenir le mal : mais si vous ne vous dépêchez, votre perte est immanquable. Ce que je vous en dis, ce n'est pas pour moi. Je sais bien comment me garantir du danger. Je m'en irai loin d'ici, au delà des mers, ou bien je vivrai dans quelque coin, où je n'aurai rien à craindre des filets, ni des trébuchets : mais pour votre propre salut : si votre vie vous est chère, faites attention à ce que je vous dis.

Les petits oiseaux n'en firent rien. C'étoit, disoient ils, une babillarde, qui aimoit à donner des leçons aux autres. Pour eux, ils allèrent toujours leur train, & continuèrent à chanter, à manger, & à se divertir. Enfin le chanvre étant tout-à-fait cru, l'Hirondelle prit congé des oiseaux en ces termes : Je me retire de la campagne, & m'en vais vivre dans les villes parmi les hommes : mais puisque vous n'avez pas voulu ajouter foi à mes paroles, & prendre mon avis, ne gardez plus à présent la campagne. Au nom de Dieu, mes chers enfans, ne volez plus : fuyez les arbres & les haies,

haies, & renfermez vous dans quelque trou:
C'eſt-là l'unique parti qui ſoit ſûr ſi vous
voulez éviter les maux affreux de l'eſcla-
vage, & la mort même. Les petits oiſeaux
ne ſuivirent point ſon avis, & ne s'en inqui-
étèrent nullement; ils furent preſque tous
attrapés par les oiſeleurs.

Les ſous ne veulent rien croire que lorſ-
qu'il n'eſt plus tems de prévenir le mal.

XIV. *L'Aigle & le Renard.*

UNE Aigle enleva un jour les petits d'un
Renard, & les porta dans ſon aire,
pour en nourrir ſes Aiglons. En vain l'in-
fortunée mère la conjura de lui rendre ſes
petits: l'Aigle ne daigna ſeulement pas l'é-
couter, aſſurée par la hauteur de l'arbre où
elle étoit. Mais le Renard alla chercher un
tiſon ardent, & mit le feu à l'arbre, de ſorte
que la cruelle Aigle lui rendit au plutôt ſes
petits, pour ſauver les ſiens du danger qui
les menaçoit.

Les Grands ne ſont jamais à l'abri de la
vengeance de ceux à qui ils font des injuſ-
tices.

XV. *Le Lion & le Rat.*

UN Lion dormoit à l'ombre d'un arbre.
Un Rat monta étourdiment ſur ſon
corps,

corps, & le réveilla. Le Lion l'ayant attrapé ; le pauvre malheureux avoua d'abord son imprudence, & lui en demanda pardon. Le Roi des animaux ne voulut point se déshonorer en le tuant: mais il lui donna la vie, & le laissa aller. Ce bienfait ne fut pas perdu. Quelque tems après le Lion tomba dans des filets : & ne pouvant s'en débarrasser, il remplit la forêt de ses rugissemens.— Le Rat accourut, & reconnoissant son bienfaiteur, il se mit a ronger les mailles des filets, & délivra ainsi le Lion.

Ne punissez pas une petite faute, quelque vous le puissiez ; votre clémence vous attachera celui à qui vous aurez pardonné.

XVI. *Le Corbeau & le Renard.*

UN Corbeau s'étoit perché sur un arbre, pour manger un fromage qu'il tenoit en son bec. Un Renard qui l'apperçut, en passant, s'arrêta, et lui parla ainsi. He ! bon jour, Monsieur le Corbeau. Que vous avez bonne mine. Que vous êtes joli ! Votre taille est des plus belles, & votre plumage est magnifique. En vérité, si vous aviez de la voix, vous seriez un animal accompli, & il n'y a point d'oiseau sous le ciel qu'on pût vous comparer. A ces mots le Corbeau, comme un sot, ouvrit le bec, pour montrer qu'il avoit la voix belle ; &

laissa

laissa tomber le fromage, dont le sin Renard se saisit aussitôt, en lui disant : Mon bon Monsieur, apprenez que tout flatteur vit aux dépens de celui qui l'écoute.

Belle leçon que le Renard donne ici à ceux qui se laissent éblouir par les louanges !

XVII. *La Montagne qui accouche.*

IL courut un jour un bruit qu'une Montagne alloit accoucher. En effet elle poussoit des cris épouvantables, qui sembloient menacer l'univers de quelque grand prodige. Tout le monde étonné se rendit en foule au pié de la Montage. Mais quelle fut la surprise, quand après avoir long-tems attendu avec une grande patience, on vit enfin sortir une souris ! Ce spectacle excita la risée de tous les assistans.

Que de bruit pour rien ! On se rend ridicule par des promesses magnifiques qui n'aboutissent qu'à peu de chose.

XVIII. *Le Geai paré des plumes du Paon.*

UN Geai voulant faire le beau, ramassa des plumes de Paons qui muoient, & s'en para. Tout fier de cet ornement étranger, il conçut du mépris pour les autres Geais ; les quitta ; & alla se fourrer dans la compagnie des Paons. Ceux ci, le reconnoissant

C   bientôt,

bientôt lui arrachèrent les plumes postiches,
& le mirent en fuite à coups de bec. Le
Geai tout honteux retourna vers ses pareils,
qui le rejetèrent aussi : de sorte qu'il se vit
méprisé, de tous les oiseaux, & même de
ceux de son espèce.

Un homme qui n'a qu'un mérite emprunté
tombe dans un mépris général, dès qu'on
s'en apperçoit.

XIX. *Une Femme & sa Poule.*

UNE certaine bonne Femme avoit une
Poule, qui lui pondoit chaque jour un
œuf. Elle s'imagina que si elle nourrissoit
mieux sa Poule, & l'engraissoit davantage,
elle lui pondroit tous les jours pour le moins
deux ou trois œufs. Elle lui donna donc
beaucoup plus de grain qu'à l'ordinaire.—
Mais il arriva que la Poule devint fort grasse, & cessa entièrement de pondre.

Ceux qui veulent trop gagner, se ruinent
souvent par les fausses mesures qu'ils prennent pour s'enrichir.

XX. *Conseil tenu par les Souris.*

UN Chat faisoit la guerre nuit & jour à
des souris dans une vieille maison. Il
en avoit deja tué un très grand nombre ; &
celles qui restoient, n'osant quitter leurs
trous,

trous, couroient risque d'y mourir de faim.
Elles s'assemblèrent donc, pour voir ce qu'il
y auroit à faire pour éviter les griffes du
Chat. Alors une d'elles, se levant de son
siège, dit gravement : Pour moi, je crois
que le meilleur moyen est de lui attacher
une sonnette au cou. Cela nous avertira,
quand il sera près, & nous pourvoirons aisément à notre sureté par la fuite. Toutes
les autres convinrent qu'on ne pouvoit ima-
giner un meilleur expédient. Mais, dit une
vieille souris, qui avoit tout écouté sans rien
dire, qui est ce qui attachera la sonnette au
cou du Chat ? Pas une ne voulut l'entreprendre : ainsi l'expédient tomba.

Il est bien-aisé de donner des avis : mais
mal-aisé d'exécuter.

XXI. *L'Ane, le Singe, & la Taupe.*

L'Ane & le Singe s'entretenoient un jour
en présence de la Taupe de leur mal-
heureuse condition. L'Ane se plaignoit
beaucoup de n'avoir point de cornes ; & le
Singe étoit bien fâché d'être sans queue.
Taisez vous, leur dit la Taupe, vous devriez
plutôt être pleins de reconnoissance pour ce
que vous êtes, pendant que les pauvres
Taupes ne voyent goute. Leur condition
est pire que la vôtre.

C'est une sorte de consolation pour les
malheureux

malheureux de confidérer qu'il y en a de plus ma heureux qu'eux.

XXII. *Le Renard, le Singe, & les Animaux.*

ON dit que les animaux s'affemblérent une fois après la mort d'un Lion, pour élire un **Roi**: & que le Singe leur plut tant par les fingeries qu'il fit, qu'il fut choifi à la pluralité des voix. Le Renard ne put voir fon elévation fans envie. Après donc avoir rendu hommage au nouveau Soverain, & prêté ferment de fidélité, comme les autres; Sire, lui dit il, j'ai découvert ici près un tréfor: & par droit de Royauté, il appartient à votre Majefté. C'étoit un piège: le Singe y fauta, & y fut attrapé. Alors le Renard lui dit: Prétens-tu nous gouverner, ne fachant pas te conduire toi même? Le Singe fut dépofé du confentement unanime de l'affemblée.

Ce Singe Roi eft l'image de ces hommes ignorans & préfomptueux qu'on élève à de grandes charges, & qui deviennent fouvent la rifée du Public.

XXIII. *L'Epervier & l'Oifeleur.*

UN Epervier pourfuivant un pigeon, tomba avec lui dans les filets qu'un
Oifeleur

Oiſeleur avoit tendus. Se voyant pris, il fit ce qu'il put pour porter l'Oiſeleur à ne le pas tuer. Je ne vous ai jamais fait de mal, lui dit-il: ainſi j'eſpère que vous ne m'en ferez point. Eh! quel mal t'avoit fait ce pigeon? répondit l'Oiſeleur. Tes propres raiſons te condamnent: tu mourras. Cela dit, il le tua.

Rien n'eſt plus juſte que cette loi: ne feſons jamais aux autres ce que nous ne voudrions pas qu'on nous fît.

XXIV. *Le Lion & le Renard.*

LA première fois que le Renard rencontra le Lion, il fut terriblement effrayé. La ſeconde fois qu'il le vit, il eut peur, à la vérité; mais ſa frayeur ne fut pas ſi grande: & la troiſième fois qu'il le rencontra, non ſeulement il n'en eut point peur, mais même il eut l'aſſurance de l'approcher, & de s'entretenir familièrement avec lui.

On s'accoutume avec le tems à ce qui paroit terrible d'abord. Cette fable montre encore que les hommes deviennent moins eſtimables, plus on les pratique.

XXV. *Les Loups & les Brebis.*

LES Loups après avoir fait long-tems la guerre aux Brebis, leur envoyèrent

C 3

des Ambaſſadeurs, pour traiter de la paix. On convint de ſe donner des ôtages de part & d'autre. Les Loups donnèrent leurs Louveteaux, & les Brebis conſentirent à donner leurs chiens. Quelque tems après, les Louveteaux, devenus plus grands, ſe jetèrent ſur les Brebis, & les dévorèrent ſans difficulté parce qu'elles n'avoient plus leurs chiens pour les ſecourir. Les Loups de leur côté érranglèrent les chiens, pendant qu'ils dormoient en aſſurance ſur la foi du traité.

Une paix qui met les gens hors d'état de ſe défendre en cas de guerre, eſt néceſſairement ſuivie de la guerre. Et une ſituation qui les laiſſe à la merci de l'ennemi, eſt pire que la guerre même.

XXVI. *Le Serpent & la Lime.*

ON racoſtte, qu'un Serpent, voiſin d'un Serrurier (c'étoit pour lui un mauvais voiſinage) entra dans ſa boutique, & que cherchant quelque choſe à manger, il ſe mit à mordre une Lime. Eh! que prétens-tu faire, pauvre ſot? lui dit tranquillement la Lime, & ſans ſe mettre en colère. Comment pourrois-tu me ronger? tu te caſſerois plutôt toutes les dents. Je ſuis plus dure le fer même.

Souvent en voulant nuire aux autres, on ne nuit qu'à ſoi même.

XXVII. *Le*

XXVII. *Le Labourer & ses Enfans.*

UN Laboureur se voyant près de mourir, & ne laissant point de bien à ses Enfans, s'avisa d'une chose pour les engager au travail, afin qu'ils pussent gagner leur vie. Il les fit venir auprès de son lit, & leur tint ce langage. Mes enfans, tout ce que j'ai pu amasser pendant ma vie, je l'ai caché dans notre champ ; vous l'y trouverez, quand je serai mort. Le vieillard mouru peu de tems après. Ses Enfans persuadés qu'il y avoit un trésor caché dans ce champ, ne manquèrent pas d'y aller avec des bêches & de's hoyaux, après avoir enterré leur p'ère, & remuèrent la terre avec beaucoup d'ardeur & d'assiduité. A la vérité ils ne trouvèrent point de trésor, puisqu'il n'y en avoit point : mais la terre qui avoit été si bien remuée, produisit une très grande quantité de grain ; de sorte qu'ils furent bien récompensés de leur peine.

Ceux qui ne sont pas nés riches, peuvent acquérir du bien par leur diligence, & par leur industrie.

XXVIII. *Le Renard & les Raisins.*

UN Renard affamé, appercevant de fort belles grapes de raisin qui pendoient à un cep de vigne un peu haut, sautoit de toutes

toutes ſes forces pour les avoir. Quand il vit qu'il ſe donnoit de la peine en vain, & qu'il ne pouvoit abſolument pas y atteindre : Peſte du raiſin, dit-il en s'en allant, il n'eſt pas encore mûr. Je n'en mangerois pas, ſi on me le donnoit.

Il eſt de la prudence de faire de néceſſité vertu.

XXIX. *L'Ane, le Lion, & le Coq.*

UN Ane paiſſoit un jour dans un pré où il y avoit un Coq. Un Lion vint pour attaquer l'Ane. Le Coq chanta. On dit que le Lion a une horreur naturelle pour le chant du Coq : c'eſt pourquoi il prit la fuite. L'Ane croyant follement que le Lion avoit peur de lui, ſe mit à le pourſuivre, & à braire de toutes ſes forces. Mais quand le Lion fut aſſez éloigné pour ne plus entendre le Coq, il revint ſur ſes pas, ſe jeta ſur l'Ane, & le déchira. Alors l'Ane dit en mourant, Pourquoi ai-je voulu faire le vaillant, & m'expoſer au combat, puiſque je ſuis né ſans courage & ſans force ?

C'eſt une grande imprudence d'attaquer un ennemi plus fort que ſoi : car on court riſque d'en être vaincu.

XXX. *La*

XXX. *La Mouche & la Fourmi.*

LA Mouche & la Fourmi difputoient avec beaucoup de chaleur fur l'excellence de leur état, & fur le bonheur de leur fort. Vil infecte rampant, difoit la Mouche à la Fourmi, (en lui reprochant la baffeffe de fa naiffance, & la vie dure qu'elle menoit,) ôfes-tu bien te comparer avec un animal auffi noble que moi? Je vole comme les oifeaux: j'habite les palais des Rois: j'entre dans les temples des Dieux: je me place fur leurs autels: je fuis des feftins les plus magnifiques: je goûte des mets les plus délicieux: je mange & bois de tout ce qu'il y a de meilleur, fans travailler, ni prendre le moindre fouci pour vivre: en un mot, je jouis de tous les plaifirs & de tous les honneurs de la vie. Peux-tu te vanter de rien de femblable?

La Fourmi répondit: Avez-vous donc oublié votre naiffance, ma grande Dame? Vous volez, il eft vrai: mais vous avez rampé comme moi. Il vous convient bien de vous vanter de la vie de délices que vous menez! Ce n'eft que par fainéantife. D'ailleurs vous faites métier de vivre aux dépens d'autrui: auffi mourez-vous de faim la plûpart du tems. Ne vous vois-je pas affez fouvent vous nourrir d'ordures? fans doute qu'alors c'eft faute de meilleure chère.—

Vous

Vous avez l'impudence de vous fourrer partout : j'en conviens : mais on ne sauroit vous souffrir nulle part : on vous chasse toujours, & quelquefois même il vous en coute la vie. Au lieu que moi je ne suis à charge à personne : si j'ai un peu de peine pendant un tems, du moins après je jouis tranquillement du fruit de mon travail. Attendez à cet hiver pour vous préférer à moi, & nous verrons alors laquelle des deux aura le plus sujet d'être contente de son sort. Mais que dis-je ? Vous serez périe de faim, de froid, & de misère. Adieu. Allez-vous divertir, & laissez moi faire mon affaire.

XXXI. *Le Brebis, le Chien, & le Loup.*

UN Chien demandoit à une Brebis un pain qu'il disoit lui avoir prêté. Celle-ci niant la dette, & le Chien étant obligé de la prouver, il suborna pour témoin un Loup qui déposa qu'elle devoit le pain. La Brebis fut condamnée, sur ce faux témoignage, à payer ce qu'elle ne devoit pas. Quelques jours après, voyant des Chiens qui étrangloient le Loup, cela la consola de l'injustice qu'on lui avoit faite. Voilà, s'écria-t-elle, la récompense que mérirent les Fourbes.

Les innocens ne sont point en sûreté contre l'oppression des faux témoins ; mais il est un Dieu juste qui punit tôt ou tard l'injustice & le crime.

XXXII. *Les*

XXXII. *Les Lièvres & les Grenouilles.*

QUELLE triste vie que d'être exposés à des frayeurs continuelles ! Ne vaudroit-il pas mieux mourir une bonne fois, que de vivre dans un état qui est pire que la mort ? Ainsi raisonnoient des Lièvres extrémement mécontens de leur condition. Un jour qu'ils s'en plaignoient le plus, faisant le guet, & tremblans, ils entendirent du bruit. C'étoit le vent qui agitoit les feuilles des arbres. Cela leur fit prendre l'allarme, ils s'enfuirent, & résolurent de s'aller noyer, pour mettre fin à leur triste vie. Quand ils furent arrivés au lac le plus proche, une multitude de Grenouilles qui étoient fur le bord, se jetérent fur le champ dans l'eau, toutes épouvantées du bruit qu'elles entendirent. Oh ! oh ! dit alors un Lièvre moins étourdi que les autres. A ce que je vois, notre condition n'est pas la plus misérable. Nous ne sommes pas les seuls qui craignons, puisque nous avons fait peur aux Grenouilles.

On se croit beaucoup plus malheureux qu'on ne l'est, faute de considérer la condition des autres.

XXXIII. *Le vieux Chien & le Chasseur.*

UN Chien de chasse qui avoit extrémement contenté son maître dans toutes

les

les occafions, devint enfin infirme par l'âge
& par la fatigue. Un jour qu'il pourfuivoit
un Sanglier, il le prit par l'oreille : mais
comme il avoit les dents fort mauvaifes, il
fut obligé de lâcher fa proie. Alors le
Chaffeur fe mit en colère contre le pauvre
animal, lui reprocha qu'il n'étoit bon à rien,
& même le battit d'une manière cruelle.
Mais le Chien lui dit : Avez vous donc oublié les fervices que je vous ai rendus dans
ma jeuneffe ? Ce n'eft pas le courage qui
me manque à préfent, mais ce font les forces.
Je ne fuis plus ce que j'ai été.

Cette fable eft un reproche contre l'ingratitude de ceux qui ne pardonnent pas une
faute, & qui oublient mille fervices.

XXXIV. *Le Chien fidèle.*

UN Voleur entra furtivement de nuit
dans une maifon pour la voler. S'il
crocheta la porte, ou s'il entra par la fenêtre,
c'eft ce qu'Efope ne dit pas. N'importe : il
s'y fourra de manière ou d'autre. Mais il
n'y fut pas plutôt entré qu'un Chien qui gar-
doit la maifon, fe réveilla, & fe mit à
aboyer. Le Voleur, qui avoit prévu cela,
jeta quelque chofe à manger au Chien, pour
l'empêcher de faire du bruit. Mais ce fidèle
animal le refufa, en lui difant : Je connois
ton intention. Tu ne viens pas ici pour me
faire du bien : & ce n'eft que pour m'empêcher

cher d'aboyer que tu me donnes à manger, afin de pouvoir voler en fûreté le bien de mon maître : Mais tu te trompes fort : car je ne cefferai d'aboyer que je n'aie réveillé les domeftiques. En effet le Chien fit tant de bruit que les domeftiques fe réveillèrent, & prirent le Voleur, qui n'eut pas le tems de s'enfuir.

Il faut fe tenir en garde contre ceux qui nous font plus de careffes qu'à l'ordinaire : car c'eft un figne prefque infaillible qu'ils penfent à nous tromper. Les préfens ont corrompu de tout tems la fidélité des hommes les plus généreux, & qui paroiffoient les plus attachés à leur devoir.

XXXV. *Les Grenouilles qui demandent un Roi.*

LES Grenouilles jouiffoient d'une entière liberté dans leurs marais. Elles s'ennuyèrent de leur condition, & prièrent Jupiter de leur donner un Roi pour les gouverner. Ce Dieu leur jeta un bout de foliveau, qui fit un tel bruit en tombant dans l'eau, que les pauvres Grenouilles, qui font naturellement peureufes, en furent terriblement effrayées, & fe cachèrent dans les rofeaux, & dans les trous de leur marécage, n'ôfant de long-tems regarder leur Roi. A la fin, une plus hardie que les autres fe hazarda de mettre la tête hors de l'eau, pour

voir ce que le Roi fefoit. D'abord fa gra-
vité lui fit peur : elle approcha cependant,
quoiqu'en tremblant, pour confidérer de près
le monarque. Une autre la fuivit ; puis une
autre : enfin, toutes les Grenouilles fe rendirent auprès du Roi, pour lui faire leur
cour. Sa Majefté ne remuoit pas. Quel
drôle de Roi eft-ce là ? difent-elles : A quoi
eft il bon ? Elles pafsèrent de la frayeur au
mépris, du mépris à l'infolence : & perdant
le refpect, elles fautèrent fur le bon Roi, &
l'outragèrent.

Enfuite elles en demandèrent un autre à
Jupiter, mais un Roi qui eut de l'efprit, &
qui fut alerte : l'autre ne bougeoit non plus
qu'une fouche, & paroiffoit tout hébêté Jupiter leur envoya une Hydre qui fe mit auffitôt à les dévorer. Grand Dieu! Quel ti-
ran! s'écrièrent-elles. La race des Grenouilles va être exterminée. Que ferons-
nous ? O Jupiter! prends pitié de tes créatures : nous te fupplions de nous donner un
autre Roi. Mais ce Dieu leur répondit —
Vous auriez dû garder votre première forme
de gouvernement. Qu'aviez-vous befoin
d'un Roi ? Du moins deviez-vous vous ac-
commoder de celui que je vous avois donné.
Il étoit bon, tranquille & doux. Vous en
avez voulu un autre. Contentez vous-en,
tel qu'il eft, de peur que vous n'en trouviez
un pire.

XXXVI. *L'Ane*

XXXVI. *L'Ane & le Cheval.*

UN Cheval richement paré rencontra dans fon chemin un pauvre Ane, qui gémiffoit fous le poids de fa charge. Le Cheval rempliffoit l'air des henniffemens, & crioit à l'Ane de lui faire place. Gare, gare Maraut, difoit-il infolemment, ne vois tu pas qui je fuis? Ote-toi vite du chemin, malheureux efclave que tu es, ou je te paf-ferai fur le ventre. L'Ane faifi de crainte fe rangea promptement fans dire mot. Le Cheval alloit à la guerre. Il en revint ef-tropié, de forte que fon maître le vendit à un Payfan qui le mit à la charette. L'Ane le rencontre au bout de quelque tems, qui tiroit du fumier. Eh! notre ami dit l'Ane, tout étonné d'un changement fi étrange, qu'avez-vous donc fait de votre fuperbe har-nois, de votre belle houffe, & de votre mords doré, qui vous rendoient fi fier, & qui vous fefoient tant méprifer les autres?

Tels font la plûpart des hommes: ils ne fauroient fe modérer dans la bonne fortune; & ils ne fe guériffent de l'orgueil qu'en tom-bant dans le malheur.

XXXVII. *La Chauve-fouris & les deux Belettes.*

UNE Chauve-fouris fe trouvant prife par une Belette, lui demanda la vie avec

inftance.

inſtance. Non, dit la Belette, je ne fais point de quartier aux Souris : c'eſt une race trop ennemie de la nôtre. A la bonne heure, vous avez raiſon, répondit l'autre : mais je ne ſuis point Souris : c'eſt une maudite engeance. Graces à l'Auteur de la nature, je ſuis oiſeau, voyez mes ailes : vivent les animaux qui volent.

La Belette la crut, & lui donna la liberté. Il arriva quelque tems après que la pauvre malheureuſe fut encore priſe par une autre Belette. Se voyant donc encore en danger de ſa vie, elle ſupplia ſon ennemie de ne pas la faire mourir. Non, point de miſéricorde pour les oiſeaux ; dit la Belette. Eſt-ce que je ſuis oiſeau ? répondit l'autre. En vérité, c'eſt me faire outrage. Examinez bien mon corps. Qu'eſt-ce qui fait l'oiſeau, je vous prie ? N'eſt-ce pas le plumage. Je ſuis Souris. Vive les Souris ; périſſent les Chats. La Belette la laiſſa aller. Ainſi l'animal ambigu ſauva deux fois ſa vie.

Il eſt permis de biaiſer dans certains cas pour ſauver ſa vie : comme font les Vaiſſeaux qui arborent un faux pavillon, pour écharper aux ennemis.

XXXVIII. *Le Cheval & le Loup.*

UN certain Loup, ſortant des bois tout affamé, apperçut un Cheval dans une prairie. Il auroit mieux aimé que c'eut été un Mouton: il se seroit jeté tout d'un coup sur le pauvre animal sans dèfense, & en auroit aisément fait sa proie: mais il falloit user de ruses avec le Cheval. Il l'aborde donc avec une démarche grave: & contrefesant le Médecin, il lui demande comment il se porte. Qu'avez-vons? lui dit-il. Vous ne paroissez pas en trop bonne santé. Dites moi franchement votre cas; je fais guérir toutes sortes de maux. Ce n'est pas pour me vanter, ce que j'en dis; mais uniquement pour vous être utile. J'ai, dit le Cheval, une apostume sous le pié: vous voyez que j'en suis tout boiteux: ayez la bonté d'y regarder. Oui-da, dit le Loup, je vous guérirai en un instant, & en même tems il prit ses mesures pour haper son malade. Le Cheval qui s'en doutoit, lui lâcha une ruade qui lui cassa les dents, & s'enfuit comme un animal qui avoit de bonnes jambes, laissant le Loup désespéré d'avoir manqué son coup.

Les méchans périssent assez souvent par les mêmes artifices qu'ils emploient pour perdre les autres.

XXXIX. *Le Loup & le Renard.*

UN Renard affamé, voyant un soir la lune au fond d'un puits, la prit pour un fromage. Il y avoit deux seaux attachés à une chaîne de fer pour puiser de l'eau al-

ternativement,

ternativement, par le moyen d'une poulie
qui étoit au haut de ce puits. Il se mit dans
le seau vuide qui étoit suspendu par celui qui
étoit au fond du puits; & descendit par le
moyen de l'autre seau que le poids de son
corps fit monter. Quand il fut en bas, il
fut tout-a-la-fois surpris & honteux de sa
méprise, & fort embarrassé pour remonter.
Il y avoit déjà deux jours qu'il y étoit plus
affamé qu'altéré, & la lune, qui commençoit
à décroître, ne paroissoit plus ronde, quand
un Loup vint à passa par la. Compère, lui
dit le Renard, je veux vous régaler. Voilà
le meilleur fromage qu'on puisse manger.
Voyez-vous cette brèche que j'y ai faite. Il
y en a encore assez pour vous. Descendez
dans un seau que j'ai Mis là exprès. Le
Loup fut assez sot pour le croire. Il descendit: & son poids fit remonter le Renard,
qui jura qu'il considéreroit bien dorénavant,
avant que de descendre dans un puits.

XL. *Le Cerf se voyant dans l'Eau.*

UN Cerf s'amusoit à se mirer dans l'eau
d'une fontaine, où il avoit bu. Il
étoit charmé de la beauté de son bois: mais
ses jambes ne lui plaisoint nullement. Quelle belle tête, s'écria-t-il! Qu'elle est noble!
Mais pour ces vilaines jambes de fuseaux que
la nature m'a données, j'en ai honte: elles
me deshonorent entièrement. Pendant qu'il
raisonnoit

raisonnoit ainsi en lui même. il entendit un cor de chasse, & le bruit d'une meute de chiens : ce qui l'obligea à détaler promptement. Il devance de bien-loin les Chiens en race campagne ; mais le Chasseur le poursuivant toujours, le Clerf gagne une forêt, pour s'y cacher : & son bois s'embarrassa tellement dans un halier, qu'il y demeura en prise aux Chiens, qui le mirent en pièces. On dit qu'il prononça ces paroles en mourant. Que je suis malhereux de reconnoître si tard mon erreur ! Je meprisois ce qui seul pouvoit me délivrer de ceux qui me poursuivoient, pour me tuer ; & je louois ce qui m'a été funeste, & qui est la cause de ma mort.

Apprenons par cette fable à ne pas juger du mérite des choses par les apparences : & que ce que nous admirons le plus, n'est pas toujours le plus utile. Il est même souvent la cause de notre perte.

XLI. *La Forêt & le Bucheron.*

UN Bucheron pria humblement la Foêrt de lui permettre de prendre un morceau de bois pour faire un manche a sa coignée. Elle y consentit : mais peu de tems après elle se repentit de sa complaisance, & vit trop tard qu'elle avoit fourni au Bucheron des armes contr'elle-même : car il se servit

vit de sa coignée pour couper de grandes branches des arbres, & pour dépouiller la Forêt de ses principaux ornemens.

Les Ingrats abusent du bien qu'on leur fait ; & s'en servent quelquefois contre leurs bien ornemens.

XLII. *Le Loup & le Chien.*

UN Loup extrêmement maigre rencontra dans un grand chemin un gros Chien bien nourri. Il auroit bien voulu l'attaquer ; mais il craignoit de n'être pas le plus fort. Il l'aborda donc fort civilement, & lui fit compliment sur son embonpoint. Que faites-vous, lui dit-il, pour être si gros & si gras ? Comment vivez-vous ? Pour moi, qui suis plus fort que vous, je meurs de faim. Le Chien lui répondit : il est en votre pouvoir d'être aussi gras & aussi heureux que moi : quittez les bois. Vous y menez une vie dure & misérable, toujours exposé aux injures du tems, & souvent ne trouvant rien à manger. Venez-vous-en avec moi : vous vivrez comme je vis ; vous serez bien nourri & bien logé, & vous ne manquerez de rien. Que me faudra-t-il faire, dit le Loup ? Oh ! pas grand'chose : presque rien, répondit aussitôt le Chien : seulement garder la maison : prendre garde que les voleurs n'y entrent : je ne fais que cela : Et en récompense penfe on prend foin de moi, comme vous voyez : Mon maître me careffe : les domeftiques me donnent toutes fortes de viandes à manger ; & je vis comme un Prince. Venez, vous dis je, on vous traitera de même.

Vraiment, mon cher ami, voilà une vie heureufe, reprit le Loup qui treffailloit de joie. J'aime bien mieux cette vie là que celle que je mène. Ils partent. En chemin fefant le Loup s'apperçut que le cou du Chien étoit pelé. Qu'eft ce que cela ? lui demanda-t-il. Oh ! ce n'eft rien. Mais encore ? Cela vient peut-être du colier dont je fuis attaché. Comment ! attaché ! dit le Loup. Vous ne courez donc pas où vous voulez ? Pas toujours, répondit le Chien : mais qu'importe ? Il importe tant, reprit le Loup, que je n'envie plus ton bonheur. Je ne voudrois pas d'une couronne aux dépens de ma liberté.

Cette fable nous repréfente le bonheur de la liberté, & la baffeffe de ceux qui la facrifient à un vil intérêt.

XLIII. *Les Membres & le Ventre.*

LES Membres fe mutinèrent un jour contre le Ventre. Ils ne comprenoient pas quel droit il avoit d'être feul à ne rien faire, tandis qu'ils prenoient tant de peine pour vivre. C'eft pourquoi ils voulurent l'obliger à travailler auffi bien qu'eux, s'il vouloit

vouloit être nourri. Les Piés refusèrent de marcher pour aller chercher de la nourriture. Les Yeux ne voulurent plus conduire les Piés. Les Mains dirent qu'elles étoient lasses de porter si souvent les alimens à la broche pour remplir un paresseux. Les Bras ne voulurent plus agir non plus. Enfin chacun d'eux résolut de ne plus s'embarrasser de ce que deviendroit le Corps.

Le Ventre leur représenta plusieurs fois qu'il avoit besoin d'alimens. Ils refusèrent absolument de lui en donner : & il demeura si long-tems sans nourriture que chaque Membre en souffrit. Ils perdirent leur force, & devinrent foibles & languissans. Les Mains & les Piés reconnoissant leur faute voulurent la réparer, & contribuer comme auparavant à faire vivre le Ventre. Ils virent bien que, tandis qu'ils le croyoient oisif, il contribuoit autant qu'eux au bien commun de tout le corps, & qu'ils ne pouvoient pas subsister, s'ils ne le nourrissoient : mais il étoit trop tard. Le Ventre avoit été trop long-tems vuide, il ne fut plus en état de recevoir le soulagement qu'ils vouloient lui donner. Ainsi le Corps périt : mais tous les Membres périrent aussi avec lui, & furent punis de leur révolte.

Il y a différens dégrés de dignité & d'honneur dans la société civile, aussi bien que dans le Corps humain : & les Membres dans tous

tous les deux font également intéreſſés à s'aider les uns les autres.

XLIV. *Le Paon ſe plaignant à Junon.*

LE Paon ſe plaignoit à Junon de ce qu'il avoit la voix la plus déſagréable : au lieu que le Roſſignol, ce petit oiſeau qui n'étoit pas plus gros qu'une noix, avoit une voix mélodieuſe, qui charmoit toutes les créatures par la douceur de ſon chant. Oiſeau envieux, dit Junon en colère, ne ſurpaſſes tu pas tous les autres oiſeaux par la beauté de ton plumage ? Eſt-il quelque oiſeau ſous les cieux qui faſſe plus de plaiſir à voir que toi ? Tu portes à l'entour du cou toutes les beautés de l'arc-enciel. Ta ſuperbe queue ſemble parſemée de pierreries : & tu n'es pas content de ton ſort ! Les Dieux ont donné à chaque animal quelque qualité particulière. A toi, la beauté de la taille, & du plumage : au Roſſignol la voix : la force à l'Aigle : la légèreté au Faucon. Le Corbeau a le don de marquer les bons augures. La Corneille celui de préſager les malheurs. Chacun doit être content de ſa condition, & ſe ſoumettre à la volonté des Dieux.

Les hommes ſeroient heureux, s'ils vouloient ſe contenter de leur état : au lieu qu'ils ſe chagrinent par la comparaiſon odieuſe qu'ils font des malheurs de leur condition

avec

avec le bonheur qu'ils imaginent dans celle des autres.

XVL. *Le Cheval qui s'est voulu venger du Cerf.*

LES Chevaux n'ont pas toujours été les esclaves des hommes. Lorsque ceux-ci vivoient de gland dans les bois, ils demeuroient avec les autres animaux Comme l'homme n'avoit ni palais, ni carrosse, le Cheval n'avoit non plus ni selle, ni bât, ni mords, ni bride, ni harnois. C'étoit alors l'enfance du monde. Les hommes ont depuis bâti des villes, travaillé les terres, & tué les animaux pour s'en nourtir. Or un Cheval ayant eu dans ce tems là un différend avec un Cerf, & ne pouvant l'attraper, parce que le Cerf couroit plus vite que lui, il eut recours à l'homme, & implora son secours pour s'en venger.

Je veux bien vous aider à le faire, lui dit l'homme : mais a condition que vous ferez ce que je vous dirai. Le Cheval ayant consenti, l'homme lui mit un mords à la bouche & une bride ; puis il lui monta sur le dos. & poursuivit le Cerf avec tant d'ardeur qu'il l'attrapa & le tua. Le Cheval hennissoit de joie ; & remerciant son ami voulut se retirer dans les bois. Non, non, lui dit l'homme, vous serez mieux chez nous, en vérité. A présent que je connois votre utilité,

lité, ne penſez pas que je vous laiſſe aller.
Il le mena donc chez lui ; lui bâtit une écu-
rie ; l'enferma dedans, & en fit ſon eſclave.
Le Cheval ſur ſa litière s'apperçut qu'il avoit
mal fait. Il eſt vrai, dit-il, que je me ſuis
vengé ; mais j'ai perdu ma liberté. Il n'é-
toit plus tems de faire ces reflexions.

XLVI. *Le Chien & le Bœuf.*

UN Chien étoit couché ſur un tas de foin,
& aboyoit pour empêcher un Bœuf
d'en approcher pour manger. Le Bœuf
voyant la mauvaiſe humeur du Chien, lui
dit : Que tu es d'un mauvais naturel ! Tu
ne veux pas manger de foin, ni permettre
aux autres d'en manger.

C'eſt l'effet d'une noire envie de s'oppoſer
au bien-être des autres, en les privant des
choſes dont on ne peut jouir ſoi-même.

XLVII. *Le Dieu Mercure & le Bucheron.*

UN Bucheron qui étoit à couper du bois
dans une forêt ſur le bord d'une rivi-
ére, laiſſa tomber ſa coignée dans l'eau. Ne
ſachant que faire, & au déſeſpoir de ſa perte,
il s'aſſit ſur le rivage, & ſe mit à pleurer
amèrement. Mercure ayant appris le ſujet
de ſa douleur, en eut compaſſion. Il lui
montra une coignée d'or, & lui demanda ſi

E   ce

ce n'étoit pas la sienne. Le Bucheron répondit sincèrement que non. C'est donc celle-ci, dit Mercure, en lui en montrant une autre d'argent. Non, répondit le Bucheron avec la même bonne foi, ce ne l'est pas non plus. Enfin Mercure lui montra sa coignée de bois. La voilà, dit alors le Bucheron : c'est-la celle qui m'appartient. Le Dieu pour récompenser la probité de ce pauvre homme, lui donna les trois coignées.

Le Bucheron s'en alla ; & raconta tout aussitôt son aventure à d'autres Bucherons qui travailloient près de là. L'un d'eux, enviant son bonheur, voulut essayer s'il ne lui arriveroit pas une pareille fortune. Il alla sur le bord de la rivière, jeta sa coignée dedans, & se mit à crier. Mercure vint : & tirant de l'eau une coignée d'or, Bon homme, lui dit-il, est-ce là la coignée que vous avez perdue ? L'autre rempli de joie répondit qu'oui, & qu'il la reconnoissoit fort bien. Mercure irrité de l'impudence de ce menteur, ne lui donna ni la coignée d'or, ni celle qu'il avoit exprès jeté dans la rivière.

Ceci n'est qu'une fiction, car il ne peut y avoir d'autre Dieu que le seul vrai DIEU qui a créé, & qui gouverne toutes choses. Mais cette fable nous apprend que sa Providence aide les gens de bien, & déconcerte souvent les desseins de ceux qui employent des moyens criminels pour devenir riches.

XLVIII. *L'Homme*

XLVIII. *L'Homme & ses deux Maîtresses.*

UN Homme de moyen âge, ni jeune ni vieux, mais qui commençoit déjà à grisonner, pensoit serieusement au marriage.— Ce n'étoit pas par intérêt qu'il cherchoit une femme. Il étoit riche, il ne pouvoit manquer d'en trouver une : mais il vouloit choisir, & il avoit raison. Il y avoit dans une maison deux femmes qui demeuroient ensemble : l'une jeune, l'autre plus âgée, mais qui étoit encore néanmoins très amiable. Elles souhaitoient toutes deux l'avoir pour mari, & s'efforçoient de lui plaire en tout. Comme elles ajustoient un jour sa tête, le plus jeune lui arracha tous les cheveux blancs, afin qu'il ne semblât pas plus âgé qu'elle : tandis que de son côté la plus vieille arrachoit tous les noirs : de sorte que le Galant demeura chauve. Je vous suis réellement obligé, mes Belles, leur dit-il, de m'avoir si bien tondu. J'y gagne plus que je n'y perds, car je ne veux plus me marier.— Celle de vous que je prendrois pour femme voudroit que je vécusse à sa façon, & non à la mienne. Je ne suis point de cet avis-là. Je suis bien-aise d'en être quitte pour mes cheveux.

Un Philosophe disoit que quand on est jeune, il n'est pas encore tems de se marier;

& que quand on eſt vieux, il n'en eſt plus
tems.

XLIX. *La Tortue & l'Aigle.*

LA Tortue mécontente de ſa condition
ſouhaita devenir oiſeau. Elle trouvoit
ennuyeuſe la vie qu'elle menoit, rampant
toujours à terre, avec une maiſon ſur le dos,
tandis que tant d'autres animaux ont la liberté de voyager par tout où ils veulent.—
Il y a tant de plaiſir à voir de nouveaux pays,
& à en connoître les divers habitans. Elle
alla donc trouver un Aigle, pour le prier
de lui apprendre à voler. Elle ne pouvoit
manquer ſans doute d'apprendre bientôt, car
elle avoit beaucoup d'inclination pour cet
art. L'Aigle fit tout ce qu'il put pour s'en
excuſer: & lui repréſenta même combien
cela étoit contraire à ſes diſpoſitions naturelles. Mais comme c'eſt l'ordinaire des
opiniâtres, plus l'un s'y oppoſoit, plus l'autre le vouloit abſolument. L'Aigle voyant
qu'il n'y avoit pas moyen de la diſſuader, la
prit entre ſes ſerres, l'enleva bien haut en
l'air, & puis la laiſſa tomber ſur un rocher,
où elle fut miſe en pièces.

Le malheur de la Tortue doit apprendre
aux ambitieux que ceux qui veulent s'élever
trop haut, font ſouvent des chûtes très fu-
neſtes.

L. *L'Ecreviſſe*

L. *L'Ecreviſſe & ſa Fille.*

UNE Ecreviſſe, uſant du privilège de mère, réprimandoit ſa fille. Bon Dieu! comme tu marches! lui diſoit-elle.— Ne ſaurois-tu marcher droit? Ma mère, répondit la fille, puis je marcher autrement que vous ne faîtes. Je vous vois toujours aller à reculons.

Cette fable apprend aux pères & aux mères que leurs remontrances ne ſerviront de rien à leurs enfans, s'ils ne leur donnent eux-mêmes de bons exemples.

LI. *La Corneille & la Cruche.*

UNE Corneille ayant ſoif trouva une Cruche où il y avoit de l'eau. Mais comme il n'y en avoit guères, & que la Cruche étoit profonde, elle ne pouvoit y atteindre, pour ſe déſaltérer. Elle eſſaya d'abord de la caſſer avec ſon bec, puis de la renverſer. Mais n'étant pas aſſez forte pour le faire, elle s'aviſa enfin d'y jeter dedans quantité de petits cailloux, qui firent monter l'eau aſſez haut pour qu'elle pût boire.

La néceſſité fait trouver des inventions aux-quelles ou ne penſeroit jamais, ſi l'on ne ſe trouvoit pas dans des conjonctures fâcheuſes.

LII. *Le Satyre & le Villageois.*

UN Villageois ayant rencontré dans une forêt un Satyre à moitié morte de froid, le mena dans fa maifon. Le Satyre voyant que cet homme fcouffloit fur fon potage. Il lui demanda pourquoi il le fefoit. Pour le refroidir, répondit l'autre. Alors le Satyre fe leva de table, & fortit de la maifon, en difant : Je ne veux point de commerce avec un homme qui fouffle le froid & le chaud de la même bouche.

LIII. *Le Manant & l'Oie aux œufs d'or.*

UN Manant avoit une Oie qui lui pondoit tous les jours un œuf d'or. Il s'imagina follement qu'il y avoit dans le ventre de cet animal une mine de ce précieux métal, & le tua pour s'enrichir tout d'un coup. Mais quelle fut fa furprife, quand ayant ouvert fon Oie, il trouva feulement, au lieu d'or, ce qu'il y a dans les oies ordinaires. Il perdit par fa convoitife des richeffes médiocres, pour avoir voulu s'eu procurer tout-d'un coup d'immenfes.

Moeérez vos défirs : car bien fouvent on perd tout, quand on veut trop avoir.

LIV. *Le*

LIV. *Le Singe & fes deux Petits.*

UN Singe avoit deux petits jumeaux. Il en aimoit un paſſionnément, & ne pouvoit ſouffrir l'autre. Le favori étoit beau comme le jour, ſpirituel, & aimable au poſſible, (du moins ſa maman le croyoit) il étoit alerte : il danſoit & ſautoit avec une grande légèreté, & feſoit toutes ſortes de Singeries qui le feſoient rire. Un jour, par malheur, il ſe démit une jambe en ſautant, & fit des cris qui firent accourir ſur le champ ſa mère. Elle le prit entre ſes bras, & à force de l'embraſſer, elle l'étouffa.

Les tendreſſes exceſſives des pères & des mères envers leurs enfans ſont bien ſouvent la cauſe de leur perte.

LV. *Le Renard & le Léopard.*

UN Léopard parfaitement bien marqué étoit un jour dans la compagnie de quelques animaux d'eſpèces différentes ; il les regardoit d'un air de mépris, & vantoit beaucoup la variété, & les belles couleurs des taches de ſa peau. Un Renard, animal qui n'eſt pas ſtupide, s'approchant de lui, lui dit à l'oreille, vantez tant qu'il vous plaira votre peau : nous conviendrons qu'elle eſt plus belle que la nôtre : mais êtes-vous pour cela moins ſot ?

Les

Les petits génies fe prévalent des avantages de la fortune : qu'ils apprennent que
rien n'eft égal à la beauté de l'efprit.

LVI. *La Chate métamorphofée en femme.*

UN jeune homme devint amoureux de fa
Chate. Elle étoit fi jolie, fi mignone ;
& elle miauloit d'un ton fi doux ! Enfin il
l'aimoit à la folie. Il étoit aveugle fans
doute : mais on dit que tous les amans le
font. Il fupplia les Dieux de la changer en
femme. Les Dieux lui accordèrent fa pri-
ère : elle devint fille d'une rare beauté :
auffitôt notre amoureux en fit fa femme.—
Jamais mari ne fut fi chéri de fa chère moitié. Jamais femme ne charma tant fon mari. Pendant qu'ils s'abandonnoient au bonheur d'être unis & que le mari ne trouvoit
plus rien de chat en fa femme, ils entendirent quelques fouris qui trottoient par la
chambre. Auffitôt cette nouvelle époufe
fauta hors du lit pour courir après les fouris.
Les Diex irrités lui rendirent fa première
forme, & la firent redevenir Chate.

Cette fable montre qu'on change rarement
de mœurs en changeant de condition : elle
montre auffi qu'un homme éperdûment a-
moureux eft capable de toutes fortes d'ex-
travagances.

LVII. *La*

LVII. *La Perdrix & les Coqs.*

UN homme attrapa une Perdrix, qu'il mit parmi ses Coqs. Apparemment qu'il n'avoit point d'autre volaille dans sa basse-cour, & qu'il élevoit ces animaux-là pour son plaisir. La Perdrix ne s'attendoit pas à être maltraitée de ses hôtes. Son sexe & le droit d'hospitalité lui faisoient espérer beaucoup d'honnêteté & d'égards : mais elle se trompa ; les Coqs ne voulurent jamais le laisser manger, & ils la béquetèrent tant qu'elle fut obligée de s'enfuir.

La Perdrix crut d'abord qu'ils avoint de l'aversion pour elle, uniquement parce qu'elle étoit étrangère : mais les voyant ensuite se battre & s'entredéchirer à coups de bec & de griffes, elle se consola. S'ils se font une guerre si cruelle, dit elle, & s'ils se traitent avec tant de cruauté, quoiqu'ils aient été élevés ensemble, je ne dois pas m'étonner qu'ils me maltraitent.

N'espérez ni complaisance ni humanité de la part de gens qui ont brisé les liens d'amitié par lesquels la nature a uni les frères entr'eux.

LVIII. *Le Malade & le Médecin.*

UN Malade interrogé par son Médecin sur l'état de sa santé, & comment il avoit

avoit paſſé la nuit, lui répondit qu'il avoit beaucoup ſué. Tant mieux, dit le Médecin : c'eſt bon ſigne. Le lendemain feſant au Malade les mêmes queſtions que le jour précédent, celui-ci répondit qu'il avoit eu le friſſon toute la nuit, & qu'il n'avoit pu dormir. Ce pronoſtic eſt encore bon, répondit le Médecin, & puis il s'en alla.

Le troiſième jour, il vint encore voir ſon Malade, qui lui dit qu'il ſentoit des douleurs par tout le corps. Tant mieux, répondit le Docteur; c'eſt une marque de ſanté : & je vous aſſure que vous ſerez bientôt guéri. Après que le Médecin fut parti, le Malade dit à un de ſes amis, qui lui demandoit comment il ſe trouvoit : Hélas! mon cher, on dit que je me porte bien, & cependant je ſens que je me meurs.

Un homme qui ſe connoit, n'ajoute point de foi à des flatteries dangereuſes; s'il eſt ſage, il aimera mieux qu'on lui parle avec ſincérité.

LIX. *Le Lièvre & la Tortue.*

UN Lièvre conſidérant la Tortue qui rampoit avec peine, ſe mit à ſe moquer d'elle, & de ſa lenteur. Que tu es peſante! lui dit-il. Que tu marches lentement!— Pour tout cela, dit la Tortue, je parie que je te vaincrai à la courſe. Et quoique tu te vantes tant de ta légereté, gageons que j'arriverai

riverai plutôt que toi à tel endroit. Plutôt
que moi! dit le Lièvre, tu radotes: tu es
folle sûrement. Folle ou non, reprit-elle,
je te parie ce que tu voudras. Voilà qui est
fait; ils partent. Le Lièvre en un moment
laissa la Tortue bien loin de lui; & ne la
voyant plus, il se reposa, s'amusa à brouter,
& s'endormit pour reprendre un peu ses
forces: car, disoit-il, je la ratttraperai quand
il me plaira. La Tortue marcha toujours
sans s'arrêter: & quand le Lièvre se réveilla, elle étoit si près du bout de la carrière,
que quoiqu'il courût de toute sa force, elle y
arriva avant lui, & gagna la gageure.

Un ennemi qui se croit invincible, & qui
néglige de prendre des précautions, est vaincu par un autre moins redoutable que lui,
mais qui sait se servir habilement de tous ses
avantages.

LX. *Le Faon & le Cerf.*

UN Faon s'entretenant un jour avec un
Cerf, lui disoit, Je ne comprens pas
pourquoi vous fuyez toujours devant les chiens. Vous êtes plus grand & plus fort
qu'eux; beaucoup mieux armé si vous vou-
liez vous défendre, & plus léger à la course
s'ils vous obligeoient à prendre la fuite.—
Tout cela est vrai, répondit le Cerf. Vous
ne me dites là rien que je ne me sois dit moi-
même plusieurs fois. Je ne sais d'où cela
vient,

vient, & je n'y comprens rien non plus:
mais quelques réfolution que je prenne, je
n'entends pas plutôt les chiens, que je ne
faurois m'empêcher de gagner aux piés.

Il y a des infirmités naturelles qui font in-
furmontables. Quand les gens font nés po-
trons, il eft impoffible de les rendre braves.
Les difcours & les avis ne guériffent pas de
la peur.

LXI. *Les Animaux appelés devant Jupiter.*

JUPITER, dit Efope, fit un jour affem-
bler les Animaux, dans le deffein de re-
mediér à ce que chacun d'eux trouveroit de
défectueux ou de défagréable dans fa figure.
Quand ils furent tous préfens, il commença
par le Singe, & lui demanda s'il étoit content de la fienne. Sans doute, Grand Dieu,
répondit-il : Qui pourroit trouver à redire à
ma taille ? N'ai je pas le plus beau vifage
qu'il y ait ? Il me femble que la Nature m'a
plus favorifé qu'aucun autre animal: mais
mon frère l'Ours n'eft qu'ébauché ? ce n'eft
qu'une maffe informe de matière. L'Ours
s'avança: on crut qu'il alloit fe plaindre.
Bien loin de cela, il agréa fa forme. C'eft
l'Eléphant, dit-il, qui eft une drôle de figure: Il a la queue trop courte, & les
oreilles trop longues. L'Eléphant trouva
la Baleine trop groffe. La Fourmi crut que
le Ciron étoit trop petit. Enfin chacun des
animaux

animaux fut très content de foi, mais nullement des autres.

Nous connoiſſons les défauts d'autrui, &
nous ſommes aveugles ſur les nôtres.

LXII. *L'Alouette & ſes Petits.*

IL y avoit, dans un champ de blé prêt à
être moiſſonné, une nichée d'Alouettes
qui n'étoient pas encore aſſez fortes pour voler. La mère ne ſortoit jamais pour aller
leur chercher à manger, ſans les charger ex-
preſſément de bien retenir tout ce qu'elles
entendroient dire durant ſon abſence. A
ſon retour les Petits lui dirent que le Maître
du champ étoit venu, qu'il avoit trouvé le
blé mûr, & qu'il avoit dit à ſon fils d'aller
chez leurs amis, les prier de venir le lendemain de grand matin pour leur aider à faire
la moiſſon. Eſt-ce là tout? dit la Mère.
S'il n'a dit que cela, rien ne nous preſſe encore de déloger : mais demain écoutez bien
ce qu'il dira, & cependant, tenez, mangez,
& ne vous inquiétez point.

Le lendemain arrive : les amis ne viennent point, & l'Alouette ſort à ſon ordinaire.
Le Maître auſſi vient faire ſa ronde avec ſon
fils. Ces blés-là, dit-il, devroient être
coupés. Allez donc demain chez tous
nos parens les prier de venir nous aider.
L'Alouette revenue, les petits tout épou-

F   vantés

vantés lui dirent que pour cette fois il falloit décamper, car le père a envoyé querir ses parens. Non, non, mes enfans, dit la mère, dormez sans crainte ; il n'y a point encore de danger. Elle eut raison : personne ne vint. Le Maître vint visiter ses blés pour la troisième fois. Nous avons tort, dit-il à son fils, de nous reposer sur les autres. Il faut dès demain sans faute commencer à couper ce blé nous mêmes. C'est le plus court : nous acheverons quand nous pourrons. Quand l'Alouette apprit cela : c'est à présent, dit-elle, mes enfans, qu'il est tems de décamper : car puisque le Maître parle de venir lui-même, je ne doute pas qu'il ne tienne parole.

Quand on veut qu'une affaire se fasse bien, & dans le tems propre, il faut la faire soi-même.

LXIII. *La Mort & le Bucheron.*

UN pauvre Bucheron accablé d'années & d'ennuis, s'en retournoit à sa chaumière, succombant presque sous le bois qu'il venoit de couper. En chemin faisant la fatigue l'affoiblit, il fut obligé de mettre bas son fardeau pour se reposer, & prendre haleine. Alors songeant à sa misère (car le pauvre homme avoit bien de la peine, & souvent manquoit de pain) il souhaite la

Mort,

Mort, il l'appelle, comme pouvant feule le délivrer de tous fes maux. La Mort vient. Que veux-tu ? lui demanda-t-elle. Qui, moi ? répondit le malhereux tout effrayé, rien, fi ce n'eft que vous ayez la bonté de m'aider à me recharger de mon fardeau.

Plûtôt fouffrir que de mourir, eft la devife des hommes.

LXIV. *La Couleuvre & le Hériffon.*

UN Hériffon ne f---- où ---- ------ ---- nuirqu'il ---- ---- ------ ---- ---- leuvre en eut compaffion, & le reçut dans fon trou. Mais quand il y fut, il s'y étendit de tout fon long, de forte que fes piquans incommodoient fort fon hôteffe. La Couleuvre fe fentant piquée de tous côtés, le pria de fe pourvoir ailleurs, parce que le trou étoit trop petit, & qu'il n'y avoit point de place pour eux deux. Eh bien, dit le Hériffon, fi vous ne pouvez pas demeurer ici, vous n'avez qu'à fortir. Pour moi, je me trouve fort bien comme je fuis : de forte qu'elle fe vit contrainte de lui céder fa demeure, & d'en chercher une autre ailleurs.

Qu'il y a de Hériffons dans le monde ! pourquoi n'y a-t-il point de loi humaine qui puniffe ceux qui maltraitant leurs bienfaiteurs ?

XLV. *Le*

XLV. *Le Renard fans queue.*

UN vieux Renard, & des plus fins, qui avoit mangé beaucoup de volailles en sa vie, tomba enfin dans un piège qu'on lui avoit tendu. Il en échapa encore : mais non pas tout entier, car il y laissa sa queue.— Tout honteux de se voir ainsi défiguré, il entreprit, pour se consoler, de persuader à ceux de son espèce de se défaire de leur queue. Un certain jour, donc, que les Renards étoient assemblés pour affaire, il leur fit ce discours : Que fesons nous de notre queue ; à quoi nous sert-elle ? C'est un fardeau inutile, & embarrassant, qui n'est bon qu'à balayer les chemins. Ma foi, croyez-moi, coupons-la : nous en courrons mieux. Un autre Renard, aussi fin que lui, le laissa parler jusqu'au bout, sans l'interrompre : & quand il eut tout dit : Avant qu'on vous réponde, dit-il, de grace tournez vous. Toute l'assemblée se mit à rire : puis on lui répondit, Nous garderons tous nos queues, & nous ne partagerons point votre honte.

Dans les délibérations d'une assemblée il est bon de connoître l'intérêt que peut avoir un homme dans les avis qu'il donne ; car il y a peu de gens que le seul amour du bien public fasse parler.

LXVI. *Les*

LXVI. *Les deux Grenouilles qui voyagent.*

DEUX Grenouilles habitoient un marais qui fut entièrement defféché par l'ar-deur exceffive du foleil : chofe qui arrive ordinairement dans un été fec & chaud.— Ces deux Grenouilles abandonnèrent leur demeure ; & cherchèrent dans la campagne quelque lieu propre à fe retirer. Ayant tronvé un puits fort profond, Voici, dit l'une de ces Grenouilles à fa campagne, voi-ci un endroit qui me paroit affez commode : fi vous fouhaitez nous n'irons pas plus loin, mais nous demeurerons ici, car peut-être ne trouverons nous rien de meilleur. J'y con-fens, dit l'autre : mais avant que de defcen-dre dans ce puits, confidérons bien com-ment nous en fortirons, fi jamais la cha-leur ou quelque autre accident vient à mettre ce puits à fec.

Si les hommes raifonnoient comme la Grenouille, ils ne feroient pas tant de fauf-fes démarches dont ils font contraints de fe repentir.

LXVII. *La Cigogne, les Rats, & les Grenouilles.*

UNE Cigogne qui n'avoit mangé depuis long-tems, ne fachant comment attra-per les Grenouilles qui reftoient au fond de

F 3 leurs

leurs marais, ni les Rats qui ne vouloient pas fortir de leurs trous, alla fur le bord du marais, & dit aux Grenouilles : que les Rats témoignoient par tout un grand mépris pour elles, & qu'ils fe vantoient publiquement qu'un Rat pouvoit battre quatre Grenouilles. Elles furent très irritées de cela. Les Grenouilles avoient du cœur : & elles protestèreut qu'elles ne refuseroient point de fe battre avec les Rats en pleine campagne.

La Cigogne alla enfuite au quartier des Rats ; & leur affura que les Grenouilles les méprifoient, & même difoient qu'une Grenouille fuffifoit pour mettre en fuite une grande troupe de Rats. Ils furent auffi irrités que les Grenouilles, & les défièrent au combat. On choifit pour le champ de bataille une grande plaine également éloignée des marais des Grenouilles, & de la demeure des Rats. Les combattans s'y étant rendus, la Cigogne, qui les voyoit à fa difcretion, fe mit à en faire un grand carnage. Ceux des Rats & des Grenouilles qui échapèrent, connurent qu'ils étoient la dupe de la Cigogne.

N'écoutez pas les raports d'un ennemi commun : car il ne fonge qu'à nuire, & à exciter des divifions pour en faire fon profit.

LXVIII. *Le*

LXVIII. *Le Soleil & le Vent.*

LE Soleil & le Vent difputoient entr'eux, lequel des deux avoit le plus de pouvoir fur les hommes, & leur fefoit fentir davantage fa force. Ne voyez-vous pas, repréfentoit le Vent, que quand il me plait, je déracine les arbres les plus gros; je fais tomber des palais entiers; j'abbats les tours les plus fortes; je détourne un vaiffeau de fa route, & malgré l'art & les efforts du pilote, je le jète fur des bancs de fable, ou contre un rocher où il fe brife, J'avoue que votre puiffance eft redoutable, répondit le Soleil : mais tout eft forcé de céder à la mienne.

Comme ils difputoient de la forte, ils virent un Voyageur avec un manteau fur fes épaules. Ils convinrent que celui qui lui feroit quitter fon manteau auroit gain de caufe. Auffitôt le vent fe mit à fouffler contre lui de toute fa force, de forte que le Voyageur ne pouvoit avancer : il craignoit même que le Vent ne le fit reculer : & il fe feroit immanquablement jeté par terre, de peur d'être emporté par le Vent, s'il eut continué. Mais plus le Vent étoit violent, plus il s'envelopoit. Le Vent ceffa à la fin, & le Soleil commença à paroitre. Il n'eut pas plutôt dardé fes rayons fur la tête du Voyageur, que celui-ci qui fuoit, & étoit prefque hors d'haleine, quitta fon manteau, & s'affit à

l'ombre

l'ombre pour se repofer. Ainfi la victoire demeura au Soleil.

La douceur fait plus que la force, quand on a affaire à des gens qui font ufage de leur raifon.

LXIX. *Le Charretier embourbé.*

UN Charretier voyant fa charrette embourbée, fe mit à jurer furieufement, & s'emporta contre le chemin, contre fes chevaux, contre fa charrette, & contre lui-même. Enfuite il invoqua les Dieux pour le tirer de là. Comme fa charrette n'en avançoit pas davantage, & que les Dieux fembloient fourds à fes cris, il s'affit déplorant fon malheur. Alors il entendit une voix qui lui dit, Sot que tu es, pourquoi n'effayes-tu pas toi-même de dégager ta charrette, en la foulevant avec tes bras ou tes épaules, & en fouettant tes chevaux pour les faire tirer? C'eft ainfi que tu te tireras d'affaire. Crois-tu que les Dieux feront tout pour toi, tandis que tu demeureras les bras croifés?

Les murmures des pareffeux font impies: leurs prières font vaines. La Providence n'aide que ceux qui s'aident.

LXX. Les

LXX. *Les Bourdons & les Mouches à miel.*

DES Abeilles avoient fait leur miel au haut d'un chêne. Des Bourdons prétendoient que le miel étoit à eux, & en vouloient chaffer les Abeilles. L'affaire fut mife en juftice, & plaidée devant une Guêpe, qui fut prife pour juge. Le cas n'étoit pas facile à juger fuivant les formes ordinaires. Les témoins dépofoient, qu'ils avoient vu pendant long-tems autour de l'endroit où étoit le miel, de petits animaux ailés, bourdonnans, un peu longs de corps, & de couleur tannée: mais ces dépofitions n'étoient pas plus favorables aux Abeilles qu'aux Bourdons qui leur reffemblent en tout à l'extérieur. C'eft pourquoi la Guêpe propofa une chofe.

Jufqu'à préfent, dit-elle, il eft impoffible de découvrir de quel côté fe trouve le droit: mais prenez des ruches, & travaillez chacun de votre mieux, & je pourrai fûrement juger par la forme des rayons & par le goût du miel à qui appartient le miel en queftion.

Les Abeilles fe foumirent avec plaifir à cette condition: mais les Bourdons ne voulurent point s'y foumettre. Là deffus la Guêpe adjugea le miel aux Abeilles: car il eft évident, dit-elle aux Bourdons, que vous n'en fauriez faire autant.

Les honnêtes gens ne doivent jamais faire difficulté de prouver qu'ils font tels.

LXXI. *La*

LXXI. *La Chienne & une de ses Amies.*

UNE Chienne étant bien près de son terme, pria une de ses amies de lui prêter sa loge, pour y mettre bas ses petits. L'autre, qui étoit d'un bon naturel, y consentit volontiers. Quelque tems après, celle-ci ayant besoin de sa loge, vint voir l'autre, & la lui re-demanda. La Chienne lui représenta que ses petits ne marchoient encore qu'à peine, & la supplia de la laisser encore dans la loge quelque tems, au bout duquel elle-la lui rendroit, car le petits seroient pour lors en état de la suivre. Ce second terme échu, son amie vint lui redemander sa demeure. Je suis prête à sortir, lui dit la Chienne, en lui montrant les dents, si vous pouvez me mettre dehors avec mes petits. Ils étoient devenus forts.

Ne vous livrez pas aux méchans, & ne leur laissez pas prendre de pouvoir sur vous.

LXXII. *La Belette entrée dans une Grange.*

UNE Belette très maigre, parce qu'elle relevoit de maladie, étant entrée dans une Grange par un trou fort étroit, y vécut à discrétion, & en peu de tems redevint grosse & grasse. Entendant un jour du bruit, elle courut à son trou pour sortir. Voyant qu'elle ne pouvoit passer, elle crut s'être trompée,

trompée, & courut autre part chercher son trou. Mais n'en trouvant point d'autre, elle revint à l'endroit, bien assurée que c'étoit le vrai trou, & essaya encore, mais en vain, de sortir. Un Rat qui la vit, lui dit, il n'est pas surprenant que vous ne puissiez plus sortir pas ce trou. Vous étiez maigre quand vous y avez passé ; vous êtes devenue grasse : il faut remaigrir si vous voulez sortir d'ici.

Ceux que leurs pilleries ont mis dans le cas de la Belette, doivent profiter de l'avis du Rat.

LXXIII. *Le Chat & un vieux Rat.*

UN Chat, la terreur des Souris & des Rats, & qui en avoit fait un grand carnage, voyant que les Souris n'osoient plus sortir de leurs trous, de peur de devenir sa proie, s'avisa de contrefaire le mort, & de se pendre à un clou la tête en bas. Les Souris l'appercevant, sans sortir d'abord tout-à-fait de leurs trous, crurent tout de bon qu'on avoit pendu le maudit animal pour ses crimes. Puis elles sortirent toutes pour se réjouir du malheur de leur ennemi.— Alors le rusé de Chat se jeta sur elles, & les devora, en disant, Vraiment nous savons plus d'un tour pour vous attraper, & vous ne m'échaperez pas toujours. Quelque tems après il les trompa pour la seconde fois

d'une.

d'une autre manière. Il se roula dans de la farine, & ainsi déguisé il se mit dans une huche toute ouverte, où il attrapa encore bien des Souris. Un seul Rat, un vieux rusé qui avoit même perdu sa queue, en se sauvant de quelque ratière ; ce Rat, dis-je, voyant le Chat de loin, eut la prudence de ne point approcher. Je me méfie de la farine, dit-il, & quand tu deviendrois pierre, je n'approcherois pas pour cela.

Les Sages ne se laissent pas tromper deux fois par les méchans, quand ils connoissent leurs fourberies, & qu'ils ont eu le malheur d'en faire l'expérience.

LXXIV. *Le Singe & le Dauphin.*

UN Vaisseau fit naufrage près d'Athènes, & tout l'équipage périt. On dit que le Dauphin est ami de l'homme. Cet animal passant auprès du vaisseau à moitié enfoncé dans l'eau, vit un Singo sur le tillac. Il le prit pour un homme, & le fit asseoir sur son dos, en lui disant : Ne craignez rien : je suis bien-aise d'être venu assez à tems pour vous sauver la vie. Etes-vous d'Athènes, lui demanda ensuite le Dauphin est ami de l'homme. Cet animal passant auprès du vaisseau à moitié enfoncé dans l'eau, vit un Singe sur le tillac. Il le prit pour un homme, & le fit asseoir sur son dos, en lui disant : Ne craignez rien : je suis bien-aise d'être d'être venu affez à tems pour vous fauver la vie. Etes vous d'Athenes, lui demanda enfuite le Dauphin ; & y avez-vous des amis ? Oui, répondit le Singe, & j'y fuis fort connu. J'ai un Coufin qui a été Maire : & mon Oncle eft à préfent Juge. Vos Parens font de diftinction, dit le Dauphin : connoiffez-vous le Pirée ? Si je le connois ? répondit le Singe ; c'eft un de mes bons amis : nous buvons fouvent bouteille enfemble. A ces mots, le Dauphin fit un grand éclat de rire, car *le Pirée* eft le nom du port d'Athènes : enfuite il tourna la tête, & voyant qu'il ne portoit qu'une, bête, il s'en débaraffa, & la laiffa à la merci des flots.

Y auroit-il grand mal, fi on baignoit un peu certains hommes qui ont beaucoup de babil & autant d'ignorance ?

LXXV. *La Grenouille & le Rat.*

UN Rat de bonne humeur s'égayoit fur le bord d'un marais, fans penfer à mal. Une Grenouille l'aborda, & lui dit : Venez me voir chez moi : ce n'eft pas loin d'ici : je vous régalerai bien, & nous nous divertirons. D'ailleurs vous verrez nos palais, nos coutumes & nos mœurs : notre empire eft affez curieux. Le Rat qui fe promettoit bien du plaifir en voyageant par eau, dit : Je le veux bien, madame la Grenouille : vous me faites honneur pourvû que je ne

vous

vous fois point à charge : mais je ne fais pas trop bien nager : comment ferons nous ?

La Grenouille fut remédier à cela. Cela ne fera point d'obstacle à votre voyage, dit-elle : j'attacherai votre patte à la mienne avec un peu de jonc ; par ce moyen là je vous aiderai à nager, & vous empêcherai d'enfoncer. Le Rat trouva que c'étoit fort bien imaginé. Ils partent, & entrent dans l'eau. La perfide s'efforce, contre le droit des gens, de tirer fon hôte au fond, pour l'y manger : c'étoit pour elle & pour fes petits un morceau délicat & friand. Elle tire, il réfifte. Pendant qu'ils fe débattoient, un oifeau de proie, qui planoit dans l'air, fondit fur le pauvre Rat, l'enleva, & avec lui la Grenouille pendue à fa patte. Ainfi l'oifeau prit tout-à-la fois, chair & poiffon, dont il fit un bon fouper.

La perfidie la mieux concertée eft bien fouvent funefte à fon auteur.

LXXVI. *L'Avare qui a perdu fon tréfor.*

UN malheureux Avare avoit caché fon tréfor dans un champ, il y penfoit à tout moment, & alloit le voir vingt fois le jour pour le moins. Quelqu'un foupçonnant qu'il n'alloit pas fi fouvent à ce champ pour rien, l'épia, alla après lui à l'endroit, trouva le tréfor, & l'enleva. L'Avare ne trouvant plus fon argent lorfqu'il y retourna, pleura

pleura fon malheur, fe lamenta & s'affligea
à la mort. Un paffant lui demanda ce qu'il
avoit. On m'a pris mon tréfor, dit-il. Où
eft-ce donc qu'il étoit ? Tout contre cette
pierre. Pourquoi l'aviez-vous apporté fi
loin ? Ne pouviez-vous pas le garder chez
vous ? Vous vous en feriez fervi, quand
vous auriez voulu. — M'en fervir ? dit
l'Avare, je n'y touchois jamais. Eh ! bon
Dieu, répliqua l'autre, pourquoi vous affli-
gez-vous tant ? Puifque vous ne touchiez
jamais à votre argent, mettez une pierre à
la place, elle vous fera autant de bien.

LXVII. *L'Ane bien fenfé.*

UN Ane paiffoit dans un pré, lorfque l'allarme fe répandit que les ennemis ap-
prochoient. Son Maître effrayé lui cria de
prendre la fuite avec lui, ou bien qu'ils feroient pris tous deux. Eh bien, demanda
l'Ane, fans doubler le pas, l'ennemi me fe-
ra-t-il porter deux bâts ? Non, dit le Maître. Que m'importe donc d'être fait prifon-
nier, répliqua l'Ane, puifque je fuis déja
efclave. Fuyez, & me laiffez paître.

Les changemens qui arrivent dans les
Etats n'en font point à la condition des malheureux.

LXXVIII. *Les*

LXXVIII. *Les deux Taureaux & une Grenouille.*

DEUX Taureaux combattoient pour une Vache & pour l'empire des prairies, une Grenouille les voyant de fon marais, s'écria. Hélas! Qu'eft ce que nous deviendrons? Que ferons-nous? Comment! Qu'avez-vous, je vous prie? lui demanda une de fes compagnes. Eh! ne voyez vous pas ces Taureaux qui fe battent! Eh bien, dit l'autre, laiffons-les fe battre. Qu'eft-ce que cela nous fait? Voudriez-vous que nous allaffions les féparer? Quoi, répliqua la Grenouille, vous n'appréhendez pas le malheur qui nous menace? Quel malheur donc? Je n'en vois aucun pour nous, quand ils fe mettroient en pièces: leur efpèce eft fi différente auffi. Cela eft vrai, répondit la fage Grenouille, mais le Vainqueur qui reftera maître des prairies, n'y voudra plus fouffrir l'autre qui viendra fe réfugier dans nos marais, & qui nous foulera aux piés, & nous écrafera.

De tout tems les Petits ont fouffert des querelles des Grands.

LXXIX. *L'Aigle, la Laie, & la Chatte.*

UNE Aigle avoit fait fes petits au haut d'un arbre. une Laie au pié, & une
Chatte

Chatte au milieu. C'étoit le hazard qui les avoit rendues voisines ; elles y vivoient tranquillement & de bon accord : mais la Chatte détruisit bientôt leur union par sa fourberie. Elle grimpa premièrement à l'aire de l'Aigle, & lui dit : Ma chère amie, tenons nous bien sur nos gardes ; car nous avons une mauvaise voisine : cette maudite Laie ne fait que fouir au pié de l'arbre, afin de le faire tomber & de dévorer nos petits.

Ensuite, elle descendit chez la Laie : Ma voisine, lui dit-elle, vous vous croyez peut-être en sûreté, & ne pensez guères au danger où vos petits & les miens sont exposés : mais je puis vous assurer que la cruelle Aigle n'attend qu'une occasion favorable pour se jeter sur vos Marcassins, & les porter à manger à ses Aiglons : c'est pourquoi, si vous m'en croyez, restez chez vous, & ne bougez pas : pour moi, j'ai résolu de ne point sortir du tout.

Après avoir ainsi rempli ses voisines de méfiance & d'effroi, elle se retira dans son trou : d'où néanmoins elle sortoit doucement la nuit, pour aller chercher à manger à ses Chatons : mais le jour, elle se tenoit aux aguets, regardant de côté & d'autre, comme si elle eut eu grand peur: Cependant l'Aigle n'osant sortir de peur de la Laie, ni la Laie de peur de l'Aigle, elles moururent de faim avec leurs petits, & laissèrent à la Chatte de quoi régaler abondamment les siens.

Ne

Ne vous prêtez pas sans examen aux difcours qui tendroient à noircir la fidélité d'un
ami.

LXXX. *Le Cerf & les Bœufs.*

UN Cerf poursuivi de près par des Chaffe-
urs, se sauva dans une ferme ; & trouvant une étable à Bœufs ouverte, il entra
dedans, & pria les Bœufs de l'y laisser jufqu'au lendemain.   A quoi pensez-vous, lui
dit un des Bœufs, de venir vous cacher ici ?
Il y a toujours du monde qui va & qui vient.
Pour nous, nous ne demandons pas mieux
que de vous rendre service : nous ne vous
trahirons pas, assurément : mais je crains
bien que vous ne soyez découvert.

La nuit arrive : les valets viennent appor-
ter à l'ordinaire du fourage & de la litière.
Le Bouvier vient voir en quel état sont les
Bœufs, & s'en va sans voir le Cerf. Alors
l'animal plein de joie remercie les Bœufs de
leur bon cœur ; & leur promet que, s'il est
jamais en son pouvoir, il leur en témoignera
sa reconnoissance. Nous souhaitons de tout
notre cœur qu'il ne vous arrive point de
mal, reprit le Bœuf qui avoit déjà parlé ;
mais vous n'êtes pas encore hors de danger,
car si l'homme aux cent-yeux vient ici, comme il n'y manque guéres, je ne voudrois pas
être dans votre peau pour tout l'or du
monde.

Comme

Comme il parloit encore, entre l'homme aux cent-yeux qui fefoit fa ronde. Il regarde par tout, il vifite tous les coins & les recoins : Qu'eft-ce que font-là ces jougs & ces colliers, dit-il à fes gens; mettez-les à leur place. Cette litière eft vieille : Pourquoi n'y a-t-il pas plus de foin dans les rateliers ? Il me femble que vos bêtes ne font pas bien foignées. Quelle grande peine y auroit-il d'ôter fes toiles d'araignées ? Enfin en regardant de côté & d'autre, il apperçut le bois du Cerf : Eh ! eh ! dit-il, comment celui-là s'eft-il fourré ici ? Vraiment voilà de quoi faire bonne chère : je fuis bien-aife d'être venu à l'étable. Aiffitôt il le fit, tuer, & s'en régala avec fes amis.

Il n'eft rien tel que l'œil du Maître.

LXXXI. *L'Ours & les Mouches à miel.*

UN Ours piqué par une Mouche à miel, fe mit en une fi grande colère, qu'il courut comme un furieux renverfer les ruches, pour fe venger : mais il s'attira la fureur de plufieurs effains, qui fortant de leurs ruches, fe jetèrent fur lui, & le piquèrent de tous côtés. Il fe retira en difant : Je fouffre ce que j'ai bien mérité.

Il vaut mieux fouffrir l'infulte d'un faquin que de fe commettre, & de s'attirer les outrages de toute une canaille.

LXXXII. *Le*

LXXXII. *Le Lion & le Mucheron.*

JE ne vous crains point, difoit un jour un Moucheron à un Lion. Je fuis furpris que vous preniez le titre de Roi des Animaux : le Bœuf eft plus gros que vous ; cependant j'en fais ce que je veux : malgré toutes les armes que la Nature vous a données, je vous défie au combat. Le Lion regardoit l'infecte avec mépris, & fans lui rien répondre. Le Moucheron tout-à coup commence l'attaque, en fe jetant fur le cou du Lion, & le rend furieux. Il écume ; fes yeux étincellent de rage ; il remplit l'air de fes rugiffemens. Tout tremble aux environs, & cette allarme eft l'ouvrage d'un Moucheron. Il lui pique tantôt l'échine, tantôt la gorge : en vain le Lion fait agir fa queue, & s'en bat les flancs. Enfin l'infecte lui entre dans les narines, & le tourmente à un tel point, que le Roi des Animaux tombe de douleur, & fe déchire lui même de fes propres griffes. L'infecte triomphe, & le quite tout glorieux : & comme il fe retiroit en publiant par tout fa victoire, il rencontra une toile d'Araignée, où il s'embarraffa, & devint la proie d'un autre infecte.

Les plus petits ennemis font fouvent les plus à craindre.

LXXXIII. *Le*

LXXXIII. *Le Chêne & le Roseau.*

LE Chêne reprochoit au Roseau qu'il étoit foible, & que le moindre vent le couchoit par terre. Encore, lui disoit-il, si vous croissiez à l'abri de mes branches, je vous défendrois des orages ; mais vous habitez les lieux où le vent souffle davantage : je vous avoue que la Nature me semble bien injuste à votre égard. Votre compassion, dit le Roseau, part d'un bon naturel : mais cessez de vous inquiéter à mon sujet. Je suis moins à plaindre que vous, & les vents doivent vous être plus redoutables. Je plie ; mais je ne romps pas. Il est vrai que jusqu'ici vous avez heureusement résisté à l'effort des vents : mais attendons jusqu'au bout. Comme il disoit ces mots, un vent des plus violens s'éleva, & souffle avec tant de force, qu'il déracina l'arbre. Le Roseau plia simplement, puis se revela sans aucun mal quand l'orage fut passé.

La condition médiocre d'un particulier n'est pas exposée aux dangers qui menacent celle des grands.

LXXXIV. *Le Faucun & le Chapon.*

UN Chapon n'écoutoit pas un Cuisinier qui l'appelloit pour lui couper le cou : c'étoit par instinct, sans doute, car il devoit

de

de lendemain faire dans un plat l'honneur de la volaille ; honneur dont il parut ne se pas soucier : car quand il fut question de le prendre le Cuisinier eut bien de la peine.

Cependant un Faucon lui disoit : Es-tu sourd ? N'entens-tu pas qu'on t'appelle ? Pour moi, quand je chasse avec mon Maitre, il ne m'appelle jamais deux fois : je reviens à lui, dès que j'entens sa voix : mais on ne sauroit rien vous apprendre à vous autres animaux pesans. J'entens bien qu'on m'appelle, répondit le Chapon ; & je vois bien ce bourreau de Cuisinier avec son grand couteau à la main : mais c'est parce que je sais ce qu'il me veut, que je ne veux point entendre, & que je ferai ce que je pourrai pour me sauver. Crois moi : si on mettoit tous les jours à la broche autant de Faucons qu'on y met de Chapons, tu ne serois pas surprise de l'indocilité qui me fait fuir.

LXXXV. *Combat des Oiseaux & des Animaux terrestres.*

LES Oiseaux & les Animaux terrestres se déclarèrent un jour la guerre. On vit paroitre alors de part & d'autre des manifestes, où chaque espèce exposoit clairement, à ce qu'elle prétendoit, les griefs qu'elle avoit contre l'autre. Ils se plaignoient les uns & les autres de torts faits, d'injustices, d'hostilités commises, même en tems de paix, &

contre

contre la foi des traités : de forte que les deux partis fe trouvoient enfin obligés d'avoir recours aux moyens que Jupiter avoit mis en leur pouvoir pour fe faire juſtice. Ils prenoient le Ciel à témoin que c'étoit à regret qu'ils alloient répandre le fang animal, & fe repofant fur la juſtice de leur caufe, ils eſpéroient confidemment que le Dieu des combats favoriferoit leurs armes.

Cependant les Dieux & les hommes favoient qui le vrai motif de la guerre n'étoit que l'orgueil & l'ambition : & que les raifons alléguées dans les manifeſtes n'étoient qu'un prétexte ſpécieux pour en venir à une rupture ; & qu'ils ne prenoient les armes que pour la prééminence & pour défendre le fot honneur de leur eſpèce. Quoiqu'il en foit, ils fe donnèrent bataille pour décider leur grande querelle. Le combat fut fanglant & opiniâtre. La Victoire balança longtems, fans fe déclarer pour les uns ni pour les autres.

La Chauve-fouris qui étoit demeurée neutre, voyant que les Animaux terreſtres avoient l'avantage, crut qu'ils reſteroient vainqueurs, & fe rangea alors du côté du plus fort en apparence. Mais les Oifeaux s'étant ralliés, la Fortune changea bientôt ; & ils remportèrent une victoire complette fur leurs ennemis. La Chauve-fouris voulut auffi changer de parti, & paffa dans le camp des Oifeaux. Mais le confeil de guerre affemblé,

femblé, elle y fut unanimement condamnée, comme transfuge, à être dépouillée, & bannie à jamais de la fociété des Oifeaux. Elle eut tant de honte & de douleur de fon infortune, qui depuis ce tems-là elle n'ôfe plus voler en plein jour, & ne fe montre que la nuit.

LXXXVI. *La Vieille & fes Servantes.*

UNE bonne vieille Ménagère avoit coutume d'éveiller fes fervantes tous les matins au chant du coq. Elle fe levoit elle-même la première, enfuite elle fefoit lever fes fervantes, qu'elle fefoit travailler jufqu'à la nuit. Les pauvres filles n'aimoient pas à fe lever fi matin. Après avoir penfé aux moyens de dormir plus long-tems, elles réfolurent de tuer le Coq, comme la caufe de la vie dure qu'elles menoient : car, difoient-elles, quand il n'éveillera plus notre Maitreffe, elle ne nous éveillera plus fi tôt. Mais tout le contraire arriva : car quand le Coq fut mort, la Vieille craignant de faire lever fes fervantes trop tard, les éveilla à toute heure de la nuit ; mais toujours plutôt que plus tard. Ainfi les fervantes tuèrent le Coq, parce qu'il les fefoit lever de trop bonne heure : au lieu qu'en effet c'étoit le chant du Coq qui fefoit qu'elles ne fe levoient pas plus matin.

LXXXVII. *Le*

LXXXVII. *Le Charlatan.*

IL y a toujours eu, & il y aura toujours des Charlatans. Un homme, dans un pays où il n'etoit pas connu, se vantoit de pouvoir enseigner le Latin & le Grec, en un mois de tems, à ceux mêmes qui avoient le moins de capacité. Oui, Messieurs, crioit-il, donnez-moi un Ane, le plus stupide de tous les animaux ; je m'engage à en faire un Docteur en moins de dix ans. Il sera Grammairien, Orateur, Poëte, Philosophe : en un mot il saura tout : messieurs de la Société Royale l'examineront. Re Roi entendant parler de cela, fit venir le Docteur.— Eh bien, dit-il, J'ai dans mes écuries un Ane dont je voudrois faire un Orateur : combien demandez-vous pour cela ? Sire, la somme n'est pas considérable, & votre Majesté sera satisfaite. Je me contenterai d'une pension honnête pendant le tems que j'instruirai l'Ane : mais si je ne le fais pas Orateur en dix ans, je consens à être pendu en place publique comme un insigne imposteur. On lui accorda ce qu'il demandoit. Alors quelqu'un lui disant qu'il couroit grand risque d'être pendu ; ne craignez rien à mon sujet, reprit-il, car avant ce tems-là, le Roi, ou l'Ane, ou moi nous mourrons.

H LXXXVIII. *L'Artisan*

LXXXVIII. *L'Artifan & le Matelot.*

UN Artifan demandoit à un Matelot où étoit mort fon père. Celui-ci répondit que fon père, fon grand-père, & fon bifayeul étoient tous morts fur mer. Eh bien, dit l'autre, n'avez-vous donc point peur d'aller fur mer? Point du tout, répondit le Matelot. Mais dites moi auffi, je vous prie, comment votre père, votre grand-père, & votre bifayeul font-ils morts? Ils font morts dans leur lit, dit l'autre. Fort bien, reprit le Matelot; pourquoi aurois-je plus de peur d'aller fur mer que vous d'aller vous coucher?

LXXXIX. *Le Vieillard & les trois jeunes Hommes.*

UN Vieillard de quatre-vingts ans fe mit en tête de planter par toutes fes terres. Les vingt-mille glands que j'ai mis en terre, difoit-il, feront dans quelque tems d'ici vingt-mille chênes, qui dans vingt ans, à un écu chacun, vaudront vingt-mille écus, & quarante-mille dans quarante ans. Trois jeunes hommes, fes voifins, trouvoient qu'il radotoit. Au nom de Dieu, je vous prie, lui difoit l'un d'eux, pouvez-vous efpérer d'avoir jamais le plaifir de vous repofer à l'ombre de ces arbres? On pourroit peut-être vous excufer de bâtir: mais pour planter

- - - - Convient-

- - - - Convient il à votre âge d'avoir des penfées pour l'avenir ? Cela ne convient qu'à nous autres jeunes gens. L'âge n'y fait rien, répondit le Vieillard : vous pouvez mourir auffitôt que moi, & même plutôt : vous n'êtes pas fûrs de vivre jufqu'à demain. Je plante, il eft vrai : je me donne le plaifir de planter pour mes petits enfans. Le Sage ne penfe t il qu'à lui ? Mais je jouis à préfent de mon plaifir ; j'en puis jouir encore demain, & quelques autres jours, je puis voir croître ces arbres plus long-tems que vous. Le Vieillard eut raifon. Les jeunes hommes moururent tous trois, en moins de trois mois. L'un fe noya : l'autre fut tué à l'armée ; & le troifième d'une tuile qui lui tomba fur la tête.

XC. *La Laitière & le Pot au Lait.*

UNE Laitière s'en alloit à la ville avec fon Pot au Lait fur la tête. (C'étoit en France, où les Laitières ne portent pas le lait dans des feaux fufpendus à une traverfe placée fur les épaules comme en Angleterre.) Elle marchoit à grands pas, & comptoit déja dans fa penfée l'argent qu'elle feroit de fon lait. Comment l'emploîra-je pour le mieux, difoit-elle ? J'aurai certainement bien une pièce de trente fous de mon lait. J'en acheterai d'abord des œufs : ces œufs me feront des poulets que j'éleverai.—

La petite cour de notre maison est tout-à-fait commode pour cela : mes poulets y seront en sûreté. En vendant mes poulets, j'aurai dequoi avoir une truie, qui me fera des petits cochons. Les cochons ne coutent presque rien à engraisser, & j'en vendrai bien le lard. Après cela, pourquoi n'acheterois je pas une vache ? J'aurai assez d'argent pour cela. La vache me fera un veau. Quel plaisir de voir sauter le veau dans la prairie ? Là dessus la Laitiére saute aussi de joie ; le Pot au Lait tomba : & toute sa fortune fut répandue avec le lait.

XCI. *L'Huitre & les Plaideurs.*

UN jour que deux hommes voyageoient sur le bord de la mer, ils trouvèrent une huitre. Tous deux vouloient l'avoir — L'un se baissoit déjà pour la ramasser, l'autre le poussa en disant : il faut voir qui l'aura : elle appartient de droit à celui qui l'a vue le premier. Sur ce pié-là, dit l'autre, je dois donc l'avoir : car c'est moi qui vous l'ai montrée. Oh ! J'ai de bons yeux, Dieu merci, reprit le premier : j'ai bien vu quelque chose de loin, & même je pensois que ce pouvoit être une huitre. Pendant qu'ils disputoient, arrive le Procureur d'un village voisin : nos Voyageurs le prennent pour Juge : notre Juge écoute attentivement les Parties, il ouvre gravement l'huitre, & la gobe.

gobe. Puis leur préſentant à chacun une
écaille : L'huître étoit bonne, Meſſiurs, leur
dit-il ; allez, vivez en paix.

XCII. *Le Tréſor & les deux Hommes.*

UN homme n'ayant plus ni argent ni cré-
dit, & ne ſachant que faire pour vivre,
réſolut de mettre fin à ſa miſère, & de ſe
pendre : car auſſi bien il ſeroit mort de faim,
& il redoutoit plus ce genre de mort que
l'autre. Dans cette intention, il acheta une
corde, & s'en alla à une vieille maſure ;
pour que perſonne ne l'interrompît dans
l'exécution de ſon deſſein. Comme il en-
fonçoit un clou pour y attacher ſa corde,
l'ébranlement détacha de la muraille une pierre, qui tomba ſur lui avec un tréſor, &
penſa l'écraſer : par bonheur il ne reçut
point de mal : & agréablement ſurpris de ce
qu'il voyoit, il changea de deſſein, ramaſſa
l'or, & s'en retourna chez lui.

Il ne fut pas plutôt parti que le Maître du
tréſor vint ; & ne trouvant plus ſon argent :
Quoi, dit-il de rage, perdrai je mon tréſor
ſans me pendre ? Non, je ne veux point ſur-
vivre à ma perte. Il apperçut la corde que
l'autre avoit apportée, il ſe l'attacha au cou,
& ſe pendit de déſeſpoir Peut-être que ce
fut une conſolation pour lui que la corde ne
lui coutât rien.

XCIII. *Le Gland & la Citrouille.*

UN Villageois confidérant la groffeur de la Citrouille, & combien fa tige eft petite, s'écrioit: A quoi fongeoit l'auteur de la Nature, en fefant cette plante là? Sa tige eft fi peu proportionnée à fa groffeur, qu'elle ne peut la foutenir, & que fon fruit eft obligé de ramper par terre, & de fe gâter. Ce fruit là auroit été mieuxplacé fur ce chêne: c'eft un gros arbre fort. Et par exemple encore, pourquoi le Gland, qui n'eft pas plus gros que mon petit doigt, ne croît-il pas fur une petite tige? Oh! pour cela, Dieu s'eft trompé.

Ces réflexions l'embarraffoient terriblement. Cependant il fe couche au pié d'un chêne pour prendre un peu de fommeil: mais il ne fauroit dormir. On ne dort point, quand on a tant d'efprit. Le vent étoit fort, il abattit quelques Glands, il en tomba un fur le nez de notre critique qui y porta la main; le fang fortoit: Oh! oh! dit il en changeant de langage, je vois à préfent que Dieu a bien fait ce qu'il a fait; fi ces Glands euffent été Citrouilles, ils m'auroient caffé la tête. Ainfi il s'en retourna chez lui en louant Dieu de tout.

XCIV. *L'Ours*

XCIV. *L'Ours & les deux Hommes.*

UN Chasseur qui avoit besoin d'argent, vint trouver un Fourreur, & lui demanda combien il lui vouloit donner d'une peau d'Ours: mais, ajouta-t-il, c'est la plus belle peau d'Ours qu'on puisse voir. L'autre lui offrit ce qu'il crut raisonnable ; & en même tems souhaita voir la peau. L'Ours est encore vivant, & dans la forêt, dit le Chasseur : mais si nous fesons marché, je m'engage à le tuer demain, & vous l'aurez après demain sans faute. Ils conviennent du prix. Le Fourreur, qui n'avoit jamais vu tuer d'Ours eut la curiosité d'aller à la chasse avec l'autre.

Le lendemain ils furent à peine entrés dans la forêt, qu'ils virent un grand Ours qui venoit à eux. Le Fourreur se repentant alors, mais trop tard, de sa curiosité, & tremblant pour sa vie, monta aussitôt sur un arbre. Le Chasseur non moins effrayé se coucha par terre, & retint son haleine, comme s'il eut été mort ; avant entendu dire que les Ours ne touchent point à un corps mort. L'Ours s'approcha de lui, le flaira, le retourna, le prit en effet pour un cadavre, & le laissa. Lorsqu'il fut parti, & qu'il n'y eut plus de danger, le Fourreur descendit de l'arbre, & s'approcha du Chasseur. Levez-vous à présent, lui dit-il ; nous sommes bien-heureux d'en être quittes

pour

pour la peur : mais dites-moi, je vous prie,
ce que l'Ours vous a dit à l'oreille : car l
vous a parlé de bien près. Ma foi, dit le
Chasseur, il m'a dit qu'il ne faut jamais ven-
dre la leau d'un Ours qu'on ne l'ait tué auparavant.

XCV. Le Meunier, son Fils, & l'Ane.

UN Meunier s'en alloit avec son fils ven-
dre un Ane à une foire qui se tenoit
dans un village à quelque distance de là.
Pour ne point lasser l'Ane, & afin qu'il fût
plus frais en arrivant, ils lui lièrent les piés ;
ils l'attachèrent à une perche, & le portoient
ainsi suspendu sur leurs épaules. Le premier
qui les vit, se créva de rire. Quelle bêtise,
de porter un Ane ! Le bon homme rougit en
effet de sa simplicité. Il détacha l'Ane, fit
monter son fils dessus, & ils continuèrent
leur voyage.

Ils rencontrèrent bientôt des gens qui ne
purent souffrir de voir le fils sur l'Ane.
Quelle honte, dirent-ils que ce jeune Drôle,
grand, robuste, & qui se porte bien, soit sur
l'Ane, tandis que son bon homme de père
va à pié ! Messieurs, dit le Meunier, je vas
vous contenter : & en même tems, il monte
sur la bête, & fait marcher son fils. A quelques pas de là, ils trouvèrent d'autres gens,
qui furent surpris de voir marcher le fils,
pendant que le père étoit sur l'Ane. Le
père

père crut avoir tort ; & prit son fils en croupe:

En vérité ces deux manans font fous, s'écria quelqu'un qui les vit passer! Est ce qu'ils veulent tuer ce pauvre animal? Il n'en peut plus : il n'ira jamais jusqu'à la foire. Parbleu, dit le Meunier, comment faut-il donc faire pour contenter tout le monde? Cependant il essaye encore une fois : ils descendent tous deux de dessus l'Ane, & le font marcher devant eux — Ceux qui les rencontrèrent ensuite, trouvèrent qu'ils avoient tort de se fatiguer, & d'user leurs souliers, de peur d'incommoder l'Ane. J'aurois tort moi-même de tâcher de vous plaire en ce que je fais, leur dit alors le Meunier, ce que vous trouveriez bon, déplairoit à quelqu'autre : dites donc tout ce que vous voudrez ; blâmez-moi, ou m'approuvez, je ne veux plus faire qu'à ma tête.

XCVI. *Un Jardinier & le Seigneur de lieu.*

UN homme qui aimoit le jardinage, avoit un fort beau jardin, enfermé d'une haie. Son parterre étoit plein de toutes fortes de fleurs qu'il cultivoit avec un foin particulier : & son potager étoit aussi en très bon état. Un Lièvre qui y étoit entré une fois par un trou, venoit régulièrement soir & matin y prendre ses repas. Notre homme me lui ayant en vain tendu des pièges, s'en plaignit à la fin au Seigneur du lieu. Je crois, dit-il, qu'il est sorcier, car on ne sauroit l'attraper. Fut-il Diable, répondit l'autre, il n'échapera pas à mes chiens, je vous en réponds ; & je vous en déferai dès demain : vous pouvez compter là dessus.

Le lendemain le Gentillâtre vient avec une bonne compagnie de Chasseurs. Bon jour, bon homme ; nous venons vous délivrer de votre Lièvre ; mais commençons par déjeûner. Votre vin est-il bon ? Qu'avez-vous à manger ? A ces mots, tout remue dans la cuisine : on apprête à déjeûner : le Gentillâtre regarde par tout. Voilà des jambons qui ont bonne mine ! Monsieur, ils sont à votre service. Vraiment, je les accepte de bon cœur, répond il aussitôt : ce sont des morceaux de Gentilhomme. Le déjeûner est prêt : on déjeûne, le Gentillâtre, la compagnie de Chasseurs, & leur suite : les chevaux, les chiens, & les valets. On se régale aux dépens du bon homme, on boit son vin : la maison est au pillage. Les Chasseurs avec leurs cors de chasse font un tintamarre de diable : tout cela déplait au bon homme : il est tout étonné : il n'est pas le Maître chez lui. Mais le pis fut quand on courut au jardin potager. On cherche par tout le Lièvre : on le trouve au gîte, c'est-à dire, sous un gros chou. On le lance ; il s'enfuit ; on court après au

travers

travers de la haie. Enfin les Chasseurs &
les chiens firent plus de dégât en une heure
que tous les Lièvres du pays n'en auroient
fait en cent ans.

XCVII. *Le Boufon & le Paysan.*

UN homme extrêmement riche voulant
donner des Fêtes au Peuple Romain,
promit une récompense à tous ceux qui auroient quelque chose de curieux à montrer,
ou qui pourroient en quelque sorte contribuer
au divertissement du public. Un Boufon s'y
présenta, monta sur le théâtre, & après
avoir salué la compagnie, & fait quelques
tours divertissans, il se mit à contrefaire le
cri d'un petit cochon : ce qu'il fit si bien que
tout le monde crut qu'il en avoit un de
caché sous son manteau, & qu'on le lui fit
ouvrir pour voir s'il n'y avoit rien. Toute
l'assemblée très satisfaite battoit des mains,
crioit *bis*, *bis*, & le combloit d'applaudisse-
mens, disant qu'il étoit impossible de mieux
imiter le cochon que lui : lors qu'un Paysan
cria du milieu de la foule, que si on vouloit
lui permettre de montre sur le théâtre le
lendemain, il se vantoit de contrefaire le
cochon beaucoup mieux. Le Seigneur lui
promit une bonne somme d'argent, s'il le fesoit, & ordonna au Boufon de revenir.

Le lendemain, quand tout le monde fut
assemblé, nos deux hommes montèrent sur
le

le théâtre. Le Boufon commença le premier à faire le cochon, & tout le monde frapa des mains & pouffa des cris de joie. Le Paysan ayant ordre de le faire à son tour, tira l'oreille à un petit cochon qu'il avoit sous son manteau, & qui remplit l'affemblée de fes cris. Auffitôt le peuple le fifla, cria qu'il ne fefoit pas le cochon si bien que l'autre, qu'il n'en approchoit pas du tout, & ne voulut plus l'entendre. Alors le Paysan tira le cochon qu'il avoi sous son manteau, & le montra à l'affemblée en difant : Tenez, Meffieurs, voyez quels beaux juges vous êtes ; ce n'eft pas moi, c'eft le cochon lui-même que vous fifflez.

XCVIII. *Le Savetier & le Financier.*

IL y avoit au coin d'une rue un Savetier qui chantoit depuis le matin jufqu'au foir. C'étoit un plaifir de l'entendre : il étoit plus content qu'un Roi. Son voifin au contraire, homme extraordinairement riche, chantoit peu, & dormoit encore moins. Si après n'avoir pu fermer l'œil, de toute la nuit, il s'endormoit quelque-fois le matin, le Savetier alors ne manquoit pas de l'éveiller en chantant : & le riche fe plaignoit de ce qu'on ne pouvoit pas acheter le dormir au marché, comme on y achete le boire & le manger.

Un

Un jour il envoya querir l'heureux chanteur, & lui demanda combien il gagnoit par an. Par an! dit le gaillard de Savetier : ma foi, Monfieur, ce n'eft point comme cela que je compte : il me fuffit de joindre les deux bouts de l'année enfemble : mais chaque jour amène fon pain. Eh bien, que gagnez-vous donc par jour, reprit le Riche ? Tantôt plus, tantôt moins, répondit l'autre. Cela iroit affez bien, s'il n'y avoit pas tant de fêtes, où on ne fauroit travailler. Le Financier fouriant lui dit : Ah ça, mon ami, je veux vous rendre heureux. Tenez, voilà cent louis d'or que je vous donne : gardez les pour vons en fervir au befoin.— Le Savetier crut voir tout l'or qu'il y a au monde. Il le remercia à fa façon, en lui fefant de profondes révérences.

De retour chez lui, il enterra fon argent dans fa cave : il ne travailla point le refte du jour : la nuit fuivante, il ne dormit pas : & le lendemain quand il fe remit au travail, plus de chant. Il perdit la voix & le fommeil, dès le moment qu'il eut reçu ce qui devoit le rendre heureux. Il craignoit jour & nuit qu'on ne lui volât fon trefor : au moindre bruit qu'il entendoit, il croyoit que quelqu'un crochetoit fa cave. A la fin, heureufement pour le pauvre homme, il réfolut de fe délivrer de fon inquiètude : & reportant cet or, qui en étoit la caufe, chez celui qui le lui avoit donné. Reprenez, lui

dit-

dit-il, vos Louis-d'or, & me rendez ma joie & mon fommeil.

XCIX. *Le Pouvoir des Fables.*

LE grand Démofthène, un jour que fa Patrie étoit en danger, monta à la Tribune aux harangues, & parla très pathétiquement fur le danger de l'Etat, pour engager fes compatriotes à prendre les armes contre Philippe Roi de Macédone. Mais voyant qu'on ne l'écoutoit pas, & qu'au contraire le peuple regardoit ailleurs tout occupé de jeux d'enfans, il changea de ton, & continua ainfi Cérès avoit entrepris un voyage de compagnie avec une Hirondelle & une Anguille : mais ayant trouvé une rivière fur leur chemin, l'Anguille la paffa à la nage, l'Hirondelle vola par deffus.——L'orateur s'arrêtant à ces mots. Et comment fit Cérès, lui demanda toute l'affemblée ? Comment elle fit, répondit Démofthène ? Cérès indignée de voir que fon peuple prête l'oreille à des contes bleus, and ne penfe point au danger qui le menace, réfolut de ne plus lui accorder fa protection. Que ne demandez vous plutôt ce qu'il faut faire pour ne pas devenir les efclaves de Philippe ? L'affemblee confufe n'écouta plus que l'Orateur.

CHOICE

FABLES,

TRANSLATED

FROM

THE

FRENCH.

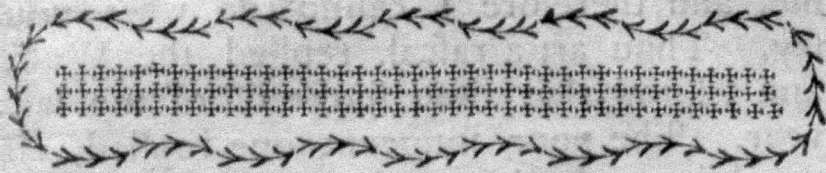

CHOICE FABLES.

I. *The Cock and the precious Stone.*

A Cock scraping upon a dunghill, found by chance a precious Stone. A Lapidary, said he then, would be very glad to find thee; thou wouldst make his fortune; but for me, I prefer one grain of barley to all the precious stones of the world.

MORAL.

Things are not valuable but as they are useful.

II. *The Wolf and the Lamb.*

A Wolf drinking at the spring of a fountain, perceived a lamb that was drinking at the same time much lower. He ran directly to him. Sirrah, said he to him in a passion, why troublest thou the water that I drink? Sir, replied the Lamb, you see

very

very well that the water runs from you to me, and therefore I cannot do what you say. Thou art a rafcal, replied the Wolf, and I know that thou fpoke ill of me laft year. The poor innocent one replied, all trembling, alas! my dear Sir, I was not then born. It is then thy brother, faid he. Indeed I have none of them, I affure you. It is then thy father or thy mother; I am fure of it, replied the Wolf, for I know very well that you all hate me: therefore you fhall pay for the others; and thereupon he fell upon the Lamb and devoured him.

MORAL.

The wicked find always pretences enough to opprefs the innocent: and when they want good reafons, they have recourfe to calumnies.

III. *The Grafshopper and the Ant.*

A Grafshopper having fpent all the fummer in diverting herfelf, found herfelf very much embarraffed when the winter was come. She died with hunger, not having the leaft little morfel of fly nor worm to eat. She knew that the Ant her neighbour had good provifions, that fhe had amaffed during the fummer. In her extreme want fhe addreffed herfelf to her, and prayed her to lend her fome grains to fubfift on until the fpring, affuring her upon her honour, that fhe would return them to her without fail, in that time.

The

The Ant does not like to lend. It is a sad thing; but it is her weakness. What did you do last summer, asked she of her?—I sung, replied the Grasshopper. You sung, said the Ant; very well, dance now.

MORAL.

We should work while we are young, and amass, to avoid the inconveniencies of old age.

IV. *The Fox and the Goat.*

A Fox fell by carelessness into a well.— As he despaired of getting out, because it was deep, a Goat passed by, and asked him if the water was good? It is so good, said the cunning Fox, that I cannot tire myself with drinking it. Descend quickly, my dear friend, for thou hast never drank such good water in thy life. The Goat jumped directly down; and the Fox embracing the opportunity, mounted upon his horns, and got quickly out of the well, leaving the Goat at the bottom. Afterwards he spoke to him thus: My friend, if thou hadst as much judgment as beard, thou wouldst not have descended into this well, without having first thought on the means of getting out.

MORAL.

Consider before you undertake any thing.

V. The

V. *The Fisherman and the little Fish.*

A Fisherman having caught a very little Fish, the poor animal besought him to throw him again into the water. What will you do with me? I am not as yet big enough, said he. Give me the time to become so, and you shall fish me afterwards. I shall make you then a good dish; whereas, I cannot make you at present but a little mouthful. It is in vain that thou pleadest so well, replied the Fisherman: I hold thee at this hour, and I am not sure of catching you again; thou shalt go into the frying-pan, and thou shalt be fryed this very night.

MORAL.

We should not quit a certainty for an uncertainty.

VI. *The Frog and the Ox.*

A Frog seeing an Ox which fed in a meadow, wished to be able to equal him in bigness. There is an animal of a fine size, said he; and she began to swell her wrinkled skin the most she could: then looking at her little ones, she asked them if she was not almost as big as the Ox? They answered, no. What think you at present? replied she, swelling herself yet more.—— You do not approach it. What not yet; here I am then? Not at all. The pevish beast

beaſt ſwelled herſelf ſo much, that ſhe burſt.

MORAL.

Many people forgetting what they are, make a figure above their condition and their income. They will be cloathed, lodged, fed, and ſerved like the great; and the fooliſh expence they are at for it, ruins them at laſt totally.

VII. *The Fox and the Stork.*

A Fox invited one day the Stork to dinner, and did not ſerve her but with ſome pap very clear in a diſh. The animal with a long bill could not taſte it, and the droll one lapped it all up in an inſtant.—— The Sterk, for to revenge herſelf of the trick that the Fox had played her, invited her in her turn ſome time after, and ſerved him with a haſh of meat in a bottle, of which the neck was long and narrow. Come, companion, no ceremonies, ſaid the Stork, do I pray you as if you were at your own houſe; at the ſame time ſhe began to eat with a good appetite. The Fox, who was not able but to lick the outſide of the bottle, retired quite aſhamed, and dying with hunger.

MORAL.

Expect the ſame.

VIII. *The Dog that let go his Prey for a Shadow.*

A Dog croffing the river fwimming, and carrying a piece of flefh in his mouth, faw his image in the water, and imagining that it was another dog that carred another prey, he was willing to fnatch it from him; but he was very much deceived, and his greedinefs was alfo at the fame time well punifhed; for he let go the morfel that he had in his mouth, and was not able to catch that which he was willing to have.

MORAL.

The unreafonable defire of having too much, makes us often lofe that which we poffefs.

IX. *The Cow, the Goat, and the Sheep, in company with the Lion.*

THE Cow, the Goat, and the Sheep, affociated themfelves formerly with the Lion They took care to make their conditions; all that each party interefted fhould take a hunting. was to be put in common. and divided equally without injuf-tice. It happened that the Goat caught in her nets a great Stag. Directly fhe fent to give advice of it to her affociates. When they were come, the Lion divided the prey

in

in four equal parts, then he made this speech:
—I take the firft becaufe of my quality as
king of animals—the fecond as being the
ftrongeft and the moft courageous—the third
becaufe I will in fpite of your teeth—and
let any one touch the fourth if he dare.

MORAL.

Never make an alliance with any one
more powerful than yourfelf.

X. *The Wolf and the Crane.*

A Wolf had fwallowed a bone which remained in his throat. As he fuffered
very lively pains, he addreffed himfelf to almoft all the animals, and ufed the fineft pro-
mifes in the world for to engage them to
draw this bone out of his throat; but none
cared to do it, for fear of fome bad trick.—
At laft the Crane, after having made him
take his oath that not only he would do her
no harm, but that he would even recompence
her as he had promifed, hazarded her long
neck into his mouth, and drew out the bone
at the peril of her own life. Afterwards fhe
afked him for what he had promifed her for
that fignal fervice: Go, faid the Wolf, you
don't think; art thou not enough recom-
penced in having withdrawn thy head fafe
and found out of my throat?

MORAL.

MORAL.

It is a very common thing in the world to have to do with ingrates. We muſt always expect it when we render ſervices to the wicked.

XI. *The Rat of the City and the Rat of the Fields.*

THE Rat of the city invited one day to dinner the Rat of the fields, for to ſhew him the good cheer that he made, and in order to diſguſt him of the country life, where he only eat fruits and roots. When the gueſt was arrived, the Rat of the city complimented him very civilly on the pleaſure that he had in ſeeing him at his houſe; afterwards they ſat themſelves at table.—— How do you find this roaſt meat? ſaid he to him; taſte this pie, and then we will eat ſome cheeſe, which is delicious. Whilſt he preſſed him thus to eat, they heard a noiſe. The Rat of the city decamped; his comrade followed him. Dogs and cats entered in the place where they were. The Rats ſaved themſelves where they were able. The country one, who never had ſo much fear in his life, thruſt himſelf in a corner that he found very ſeaſonable, and held himſelf ſquatted

in

in a great perplexity. The rat of the city accuſtomed to theſe ſort of adventures, appeared again when the noiſe had ceaſed, and that there was nothing to fear. Let us go to finiſh our dinner, ſaid he to the other.—— I have eat enough, replied the country one : come to-morrow and dine with me. I cannot boaſt of regaling you ſo well; but at leaſt we ſhall not be interrupted during our repaſt, we ſhall eat at our leiſure.—Farewell; the pleaſure which is accompanied with fear, cannot be called pleaſure.

XII. *The Aſs and the Wild Boar.*

A Little ſcoundrel of an Aſs having met a Wild Boar, had the impudence to mock him and inſult him. The Wild Boar, like an animal of courage, began already to ſhew his teeth, and went to revenge himſelf by tearing him in pieces; but happily for his honor he witheld himſelf.—— Miſerable wretch that thou art, ſaid he to him, it would be eaſy for me to revenge myſelf of thee; but I will not ſtain myſelf with the blood of ſo vile an animal:—remember that thou art but an Aſs.

MORAL.

Contempt is the only revenge that a man of honour can take of a miſerable wretch, or a fool.

K   XIII. *The*

XIII. *The Swallow and the little Birds.*

THE Swallow is a wife bird, and who has much forefight; as fhe travels much, fhe fees much, and has learnt much.—One day as a countryman was fowing his field, fhe affembled the little Birds, and fpoke to them thus: You fee, faid fhe to them, what this man is doing; he fows at prefent this grain, which will be one day or other your ruin, if you don't remedy it in time: for you muft know that the nets of the Fowlers are all made of flax or of hemp.—Thus believe me, eat this grain for fear of the confe-quences.—The Birds mocked the Swallow, and her fine difcourfe.—They found enough wherewith to live on, without being obliged to eat hemp feed.—When the grain had grown, and that it was mounted into blade; pluck up this curft herb, bit by bit, cried the forefeeing Bird: I pity you, if you don't do it. It is as yet time enough to prevent the mifchief: but if you don't do it, your lofs is infallible. What I tell you, is not for me. I know very well how to guard myfelf from danger. I am going far from hence, the other fide of the feas; or well I fhall live in fome corner, where I fhall have nothing to fear from nets or fnares: but for your own fafety, if your life is dear to you, pay attention to what I fay. The lit-tle Birds did nothing. She was, faid they,

a

a chatterer, that loved to give leſſons to others. For them, they went on their own rate, and continued to ſing, to eat, and to divert themſelves. At laſt the hemp being quite ripe, the Swallow took leave of the Birds in theſe terms: I retire from the country, and am going to live in cities among men: but ſince you will not give attention to my words, and take my advice, ſtay no longer in the country. In the name of GOD, my dear children, fly no longer: ſhun the trees and the hedge, and ſhut yourſelf up in ſome hole. That is the only meaſure that is ſafe, if you are willing to avoid the frightful evils of ſlavery, and even death itſelf. The little Birds did not follow her advice, and did not make themſelves uneaſy; and they were almoſt all taken.

MORAL.

Fools will believe nothing, until it is too late to prevent misfortunes.

XIV. *The Eagle and the Fox.*

AN Eagle took away the little ones of a Fox, and carried them into her neſt, for to feed her Eaglets with. In vain the unfortunate mother intreated her to return her the little ones: the Eagle did not vouchſafe even to liſten to her, ſecured by the height of the tree on which ſhe was: but the

Fox

Fox went to fetch a fire brand, and set the the tree on fire; so that the cruel Eagle returned her the little ones, for to save hers from the danger that threatened them.

MORAL.

The great are never sheltered from the revenge of those to whom they do injustice.

XV. *The Lion and the Rat.*

A Lion slept in the shade of a tree. A Rat mounted heedlessly upon his body, and awoke him. The Lion having caught him; the poor unhappy one confessed immediately his imprudence, and asked his Pardon. The King of the Animals would not dishonour himself by killing him; but he gave him his life, and let him go.—This kindness was not lost. Some time afterwards, the Lion fell into the nets; and not being able to disentangle himself, he filled the forest with his roaring. The Rat ran, and recollecting his benefactor, he began to knaw the mashes of the net, and delivered thus the Lion.

MORAL.

Do not punish a little fault, although you are able; your clemency will attach those to you whom you shall have pardoned.

XVI. *The Raven and the Fox.*

A Raven was perched upon a tree, to eat a piece of cheese that he held in his bill. A Fox, who perceived him in paffing by, ftopped, and fpake to him thus : Ah! good day, Mr. Raven. What a fine Appearance you have! How handfome you are! Your fhape is the fineft, and your feathers are magnificent. Indeed, if you had but a voice, you would be an accomplifhed animal ; and there is not a bird under the Heavens that can compare to you. At thefe words, the Raven, like a fool, opened his bill, for to fhew that he had a fine voice, and let fall the cheefe ; which the cunning Fox feized directly, and faying to him :— My good Sir, learn that every flatterer lives at the expence of thofe who liften to him.

MORAL.

A fine leffon, that the Fox gives here, to thofe who let themfelves be dazzled by praifes.

XVII. *The Mountain that brought forth.*

THERE ran a report that a Mountain was to bring forth. In effect it gave frightful cries, that feemed to threaten the univerfe with fome fad prodigy. Every body aftonifhed, gathered themfelves at the foot

foot of the Mountain. But what was their surprise; when after waiting a long time with great patience, they saw at last—*come out a Mouse!* This sight occasioned the laughter of all the assistants.

MORAL.

How much noise about nothing! We render ourselves ridiculous by magnificent promises, which finishes with a few things.

XVIII. *A Jack Daw decked with the Feathers of a Peacock.*

A Jack Daw, willing to act the beau, gathered together the feathers of the peacocks that were moulting, and decked himself with them. Quite proud of this strange ornament, he conceived contempt for the other Jack Daws; quitted them; and went to thrust himself in the company of the Peacocks. The latter discovering him, very soon plucked off the borrowed feathers, and put him to flight with their beaks. The Jack Daw, quite ashamed, returned to his companions, who rejected him also: so that he saw himself despised by all the birds, and even by those of his own species.

MORAL.

A man who has but borrowed merit, falls into general contempt as soon as one disco-

XIX. *The Woman and her Hen.*

A Certain good Woman had a Hen, which laid her an egg every day. She imagined that if she should nourish her Hen better, and fatten her more, that she would lay her every day at least two or three eggs. She gave her more grain than common : but it happened that the Hen became fat, and ceased entirely from laying.

MORAL.

Those who are willing to gain too much, often ruin themselves by the false measures they take to enrich themselves.

XX. *Counsel held by the Mice.*

A Cat made war night and day on the Mice in an old house. She had already killed a great number ; and those who remained, not daring to quit their holes, ran the risque of dying with hunger. They assembled therefore, to see what they could do for to avoid the claws of the Cat. Then one of them raising himself from his seat, said very gravely: For me, I believe that the best means is for to tie a bell to his neck. That will inform us when he shall be near, and we will provide ourselves for our safety by flight. All the others agreed that one could not have imagined a better expedient.

while liſtened without ſaying a word—who is it that will tie the bell to the neck of the Cat? not one was willing to undertake it: thus the expedient fell.

MORAL.

It is very eaſy to give advice; but very hard to execute it.

XXI. *The Aſs, the Ape, and the Mole.*

THE Aſs and the Ape diſcourſed one day in the preſence of a Mole, on their unhappy condition. The Aſs complained much at not having any horns; and the Ape was ſorry to be without a tail. Be ſilent, ſaid the Mole to them, you ought rather to be full of gratitude for what you are, ſince the poor Moles do not ſee at all. Their condition is worſe than your's.

MORAL.

It is a ſort of conſolation to the unhappy, for to conſider that there are more ſo.

XXII. *The Fox, the Ape, and the Animals.*

THEY ſay that the Animals aſſembled once after the death of a Lion, for to elect a King: and that the Ape pleaſed them ſo much with his tricks he did, that he was choſen by the majority of voices. The Fox could not ſee his preferment without envy.

And

And after having rendered homage to the new Sovereign, and taken the oath of fidelity, like the others; Sire, said he to him, I have discovered near here a treasure : and by right of Royalty, it belongs to your Majesty. It was a snare : the Ape jumped thereon, and was caught therein. Then the Fox said to him,—do you pretend to govern us, not knowing how to conduct yourself ?— The Ape was deposed by the unanimous consent of the Assembly.

MORAL.

This Apish King is an image of ignorant and presumptive men, that are raised to great posts, and who become often the laughter of the public.

XXIII. *The Hawk and the Fowler.*

A Hawk following a pigeon, fell with him into the nets which a Fowler had spread. Seeing himself taken, he did what he could to persuade the Fowler not to kill him. I have never done you any harm, said he to him; thus I hope you will do me none. Heh! what harm had this pigeon done you? replied the Fowler. Thy own reasons condemn thee : thou shalt die. That said, he killed him.

MORAL.

Nothing is more just than this law : Never

ver let us do to others what we would not
have one do to us.

XXIV. *The Lion and the Fox.*

THE firſt time that the Fox met the Lion, he was terribly frightened. The
ſecond time that he ſaw him, he had fear indeed; but his fear was not ſo great: and the
third time that he met him, he not only had
no fear, but even had the aſſurance to approach, and diſcourſe familiarly with him.

MORAL.

One accuſtoms one's ſelf in time to what
appears terrible at firſt. This Fable ſhews
farther, that men become leſs eſtimable, the
more they are converſed with.

XXV. *The Wolves and the Sheep.*

THE Wolves, after having made a long
time war on the Sheep, ſent them
Ambaſſadors for to treat of peace. They
agreed for to give hoſtages on both ſides.——
The Wolves gave their young to the Sheep,
and the Sheep conſented to give their dogs.
Some time after, the young Wolves became
larger, fell upon the Sheep, and devoured
them without difficulty, becauſe they had no
longer their dogs to ſuccour them. The
Wolves on their ſide worried the dogs,
whilſt

whilst they slept securely on the faith of the treaty.

MORAL.

A peace that puts people out of the power of defending themselves in case of war, is necessarily followed by war; and the situation that leaves them at the mercy of the enemy, is worse than war itself.

XXVI. *The Serpent and the File.*

THEY relate that a Serpent, neighbour to a Blacksmith, (it was a bad neighbour to him) entered into his shop, and seeking something to eat, he began to bite a File. Oh! what do you pretend to do, poor fool? said the File quietly to him, and without putting himself in a passion. How can you gnaw me? Thou wilt sooner break all thy teeth. I am harder than iron itself.

MORAL.

Often by endeavouring to hurt others, one only hurts oneself.

XXVII. *The Labourer and his Children.*

A Labourer seeing himself near dying, and not leaving any wealth to his children, bethought of a thing for to engage them to work, in order that they might be able to gain their livelihood. He called
them

them to his bed-side, and talked to them in this language :— My children, all that I have been able to amass during my life, I have hidden in our field; you will find it there when I shall be dead. The old man died a little time afterwards. His children, persuaded that there was a treasure hidden in their field, did not fail to go with spades and hoes.— After having interred their father, and stirred up the earth with much assiduity indeed, they found no treasure, since there was none : but the earth that had been so well turned up, produced a very great quantity of grain, so that they were well recompensed for their trouble.

MORAL.

Those who are not born rich, are able to acquire wealth by their diligence and their industry.

XXVIII. *The Fox and the Grapes.*

AN hungry Fox, perceiving very fine bunches of grapes that hung to a vine a little high, jumped with all his strength for to get them. When he saw that he gave himself the trouble in vain, and that he could not absolutely reach them : Plague on the grapes, said he, going his way, they are not yet ripe. I would not eat them, if one would give them to me.

MORAL.

MORAL.

It is prudence to make a virtue of a necessity.

XXIX. *The Ass, the Lion, and the Cock.*

AN Ass fed one day in a meadow where there was a Cock. A Lion came to attack the Ass. The Cock crowed. They say that the Lion has a natural horror for the crowing of the Cock; therefore he took flight. The Ass thinking foolishly that the Lion was afraid of him, began to follow him, and to bray with all his strength. But when the Lion was far enough off not to hear the Cock any more, he returned back, threw himself on the Ass, and destroyed him. Then the Ass said in dying, Wherefore have I been willing to act the valiant, and expose myself to combat, since I am born without courage and without strength.

MORAL.

It is a great imprudence to attack an enemy stronger than oneself; for one runs the risque of being conquered.

XXX. *The Fly and the Ant.*

THE Fly and the Ant disputed with much heat on the excellence of their

L state,

ftate, and on the happinefs of their lot.——
Vile creeping infect, faid the Fly to the Ant,
(in reproaching her with the meannefs of
her birth, and the hard life that fhe led)
how dareft thou to compare thyfelf with an
animal fo noble as me? I fly like the birds:
I inhabit the palaces of Kings: I enter into
the temples of the Gods: I place myfelf
upon their altars: I am at the feftivals the
moft magnificent: I tafte of the moft delicious meats, and eat and drink of all that is
the beft, without work, nor taking the leaft
care for to live: In one word, I enjoy all
the pleafures and all the honours of life.——
Art thou able to boaft of any thing like it?
The Ant replied: Have you then forgotten
your birth, my great Lady? You fly, it is
true: but you have crept like me. It well
becomes you to boaft of the delicious life
you lead! It is but through lazinefs. Befides, you make a trade of living, at the expence of others: and you are dying with
hunger the greateft part of the time. Don't
I fee you very often feed yourfelf on filth?
without doubt, it is then for want of better
cheer. You have the impudence to thruft
yourfelf every where, I agree: but one
cannot fuffer you any where. They drive
you out always, and fometimes even it cofts
you your life. Inftead of that, me, I am
at no one's charge, if I have a little trouble
during a time, at leaft, afterwards, I enjoy
quietly

quietly the fruit of my labour. Wait till this winter for to prefer yourself to me, and we shall see then which of us two will have the moſt cauſe to be contented with his lot. But what do I ſay? You will be periſhed with hunger, with cold, and with miſery.— Farewell. Go and divert yourſelf, and let me do my buſineſs.

XXXI. *The Sheep, the Dog, and the Wolf.*

A Dog demanded a loaf of a Sheep, which he ſaid he had lent her. The latter denying the debt, and the Dog being obliged to prove it, he ſuborned a Wolf for witneſs, who depoſed that ſhe owed the loaf. The Sheep was condemned on this falſe witneſs, to pay what ſhe did not owe. Some days afterwards, ſeeing that the Dogs worried the Wolves, that conſoled her for the injuſtice that he had done her. Behold, cried ſhe, the recompence that cheats deſerve.

MORAL.

The innocent are not in ſafety againſt the oppreſſion of falſe witneſs; but there is a juſt God who puniſhes ſooner or later injuſtice and fraud.

XXXII. *The Hares and the Frogs.*

WHAT a sad life is that of being exposed to continued frights! Would it not be better to die once for all, than to live in a state that is worse than death?—Thus reasoned the Hares, extremely discontented with their condition. One day that they complained the most, being upon the watch, and trembling, it was the wind that agitated the leaves of the trees, that made them take the alarm. They fled, and resolved to go and drown themselves, to put an end to their sad life. When they were arrived at the nearest lake, a multitude of frogs which were upon the banks, threw themselves immediately into the water, quite frightened with the noise that they heard.—Oh! Oh! said then a Hare, less thoughtless than the rest—by what I see, our condition is not the most miserable. We are not the only ones that fear, since we have made the frogs afraid.

MORAL.

One think oneself much more unfortunate than one is, for want of considering the condition of others.

XXXIII. *The*

XXXIII. *The Old Dog and the Huntsman.*

A Hunting Dog, who had thoroughly fatisfied his master on all occafions, became at laft infirm by age through fatigue. One day as he followed a Wild Boar, he caught him by the ear; but as he had very bad teeth, he was obliged to let go his prey. Then the Huntfman put himfelf in a paffion againft the poor animal, reproached him that he was good for nothing, and even beat him in a cruel manner. But the Dog faid to him: Have you then forgotten the fervices I rendered you in my youth? It is not courage that I want at prefent, it is ftrength. I am no longer what I have been.

MORAL.

This fable is a reproach againft the ingratitude of thofe who do not pardon a fault, and who forget a thoufand fervices.

XXXIV. *The faithful Dog:*

A Thief entered fecretly by night in a houfe for to rob it. Whether he picked the door, or whether he entered through the window, is what Æfope does not fay. But it does not fignify: he thruft himfelf therein by fome means or another. But he was no fooner entered, than a Dog,

who

who guarded the houfe, awoke, and began to bark. The thief, who had forefeen that, threw fomething for the Dog to eat, to hinder him from making a noife. But this faithful animal refufed it, faying to him—I know thy intention. Thou doeft not come here to do me any good: and it is but to hinder me from barking, that thou giveft me to eat, in order to rob in fafety the wealth of my mafter: But you are very much miftaken; for I will not ceafe barking, till I have awoke the fervants. In effect the dog made fo much noife, that the fervants awoke, and took the thief, who had not time to efcape.

MORAL.

We muft keep ourfelves on our guard againft thofe who pay us more attention than ufual: for it is almoft an infallible mark that they deceive us. Prefents have at all times corrupted the fidelity of the moft generous men, and who appear the moft attached to their duty.

XXXV. *The Frogs who afked for a King.*

THE Frogs enjoy an entire liberty on the marfhes. They were weary of their condition, and prayed Jupiter to give them a King for to govern them. This King threw them a log of wood, which made fuch a noife in falling into the water, that the

the poor frogs, who are naturally fearful, were terribly frightened, and hid themselves in the rushes, and in the holes of their marshes, not daring for a long time to look at their king. At last one, bolder than the rest, hazarded to put his head out of the water, for to see what the king did.—At first his gravity made him afraid: she approached, nevertheless, although trembling, for to consider minutely the monarch; another followed him—then another—at last all the Frogs rendered themselves near to the King, for to make him their court.—His Majesty did not stir—what a droll King that is, said they—what is he good for.—They passed from fear to contempt—from contempt to insolence—and, losing respect, they jumped upon the good King, and used him outrageously.

Afterwards they asked another of Jupiter; but a King who had sense, and that was alert.—The other did not stir no more than a stump, and appeared quite stupid.—Jupiter sent them an Hydra, which began directly to devour them.—Great God!—what a tyrant, cried they.—The race of Frogs is going to be exterminated—what shall we do.—O Jupiter! take pity on thy creatures.—We beseech thee to give another King; but this God answered them: You should have kept your first form of government—what want have you for a King; at least you ought to have accommodated yourself with him which

I

I had given you : he was good, quiet, and mild—you was willing to have another—content yourselves with such as he is—for fear that you may find a worse.

XXXVI. *The Ass and the Horse.*

A Horse richly decked, met in his road a poor Ass, which groaned under the weight of his load.—The Horse filled the air with his neighings, and cried to the Ass to give way for him.—Take care, take care, scoundrel, said he, insolently—don't you see who I am—take yourself quickly from the road, unfortunate slave that thou art, or I will pass over your body. —— The Ass, seized with fear, arranged himself quickly without saying a word.—The Horse went to the war—he returned crippled, so that his master sold him to a countryman, who put him to the cart.—The Ass met him at the end of some time, when he drew a dung-cart.—Eh ! our friend, said the Ass, quite astonished with so strange a change, what have you done with your superb harness—with your fine housings, and with your gilded bits, which rendered you so proud, and which made you so much despise others.

MORAL.

Such are the greatest part of men—they cannot moderate themselves in good fortune, and

and they do not cure themfelves of pride, but in falling into misfortune.

XXXVII. *The Bat and the two Weazels.*

A Bat finding herfelf taken by a Weazel, afked her life with entreaties. — No, faid the Weazel, I give no quarter to mice, it is a race too much an enemy to ours; indeed you are in the right, repled the other; but I am no moufe—it is a curfed breed.— Thanks to the author of nature, I am a bird, you fee my wings—long live the animals which fly.—The Weazel believed her, and gave her her liberty. — It happened fome time afterwards, that the poor unfortunate one was taken by another Weazel: feeing herfelf again in danger of her life, fhe befought her enemy not to put her to death. —No pity for the birds, faid the Weazel.— What am I a bird? replied the other: indeed this is quite an outrage.—Examine well my body. What is it that makes the bird? I pray you is it not feathers—I am a moufe. Long live the mice—perifh cats: the Weazel let her go.—Thus the ambiguous animal faved twice her life.

MORAL.

It is permitted to fhuffle in certain cafes, for to fave one's life; as veffels do that hoift their colours to efcape from their enemies.

XXXVIII. *The*

XXXVIII. *The Horse and the Wolf.*

A Certain Wolf going out of the woods quite hungry, perceived a horse in a meadow—(he would have liked it better if it had been a sheep)—he would have thrown himself directly upon the poor animal without defence, and would have easily made him his prey; but it was necessary to use cunning with the Horse: he accosted him then with a grave step, and counterfeiting the doctor, he asked him how he did? What ails you? said he to him; you do not appear in very good health.—Tell me freely your case—I know how to cure all kinds of evils.—It is not for me to boast what I say; but only to be of service to you. — I have, said the Horse, a swelling under my foot; you see that I am quite lame.—Have the goodness to look at it—Yes, certainly, said the Wolf; I will cure you in an instant; and at the same time he took his measures to snap his patient — The Horse, which doubted him, gave him a kick that broke all his teeth; and fled like an animal which had good legs, leaving the Wolf despaired in having missed his aim.

Moral.

The wicked perish very often by the very artifices that they make use of to destroy others.

XXXIX. *The*

XXXIX. *The Wolf and the Fox.*

AN hungry Fox feeing one night a moon at the bottom of a well, took it for a cheefe —There were two buckets tied to an iron chain, to draw up the water alternately by the means of a pully that was at the top of the well —He put himfelf in the empty bucket that was fufpended by that which was at the bottom of the well and defcended by the means of the other bucket, which the weight of his body rofe.—When he was down, he was quite furprized and afhamed of his miftake, and puzzled to remount.— It was already two days; fo that he was more hungry than thirfty : and the moon, which began to decreafe, and appeared no longer round—when a Wolf paffed by there, Brother, faid the Fox to him, I am willing to regale you : here is the beft cheefe that one can eat—fee this breach that I have made— there is yet enough for you ; defcend in that bucket which I have put there on purpofe. The Wolf was fool enough to believe him— he defcended, and his weight made the Fox rife, who fwore that he would confider well for the future, before he defcended into a well.

XL. *The*

XL. *The Stag seeing himself in the Water.*

A Stag amused himself in viewing himself in the water of a fountain, where he had drank.—He was charmed with the beauty of his horns; but his legs did not please him at all—What a fine head! cried he—how noble it is! but for those ugly spindle-shanks, which nature has given me, I am quite a-shamed of them—they entirely dishonour me.—Whilst he was thus reasoning, he heard a hunting horn, and the noise of a pack of hounds, which obliged him to scour away quickly.—He casts off very far in the open country; but the huntsman always follows him. The Stag gained a forest to hide himself there, and his horns embarrassed him so much in a thicket, that he remained taken by the dogs, who tore him in pieces.—They say that he pronounced these words in dying: How unfortunate I am to know too late my error.—I despised that which alone was able to deliver me from those who pursued me to kill me, and I praised that which has been fatal to me; and which is the cause of my death.

MORAL.

Learn by this fable not to judge the merit of things by appearances; and that which we admire the most, is not always the most useful.—It is even often the cause of our ruin.

XLI. The

XLI. *The Foreſt and the Wood-Cutter.*

A Wood-Cutter prayed humbly of a Foreſt to permit him to take a bit of wood to make a handle to his hatchet.——She conſented to it; but a little time afterwards ſhe repented of her compliance, and ſaw too late that ſhe had furniſhed the Wood-cutter with arms againſt herſelf: for he made uſe of his hatchet to cut the great branches of the trees, and to ſtrip the Foreſt of its principal ornaments.

MORAL.

Ingrates abuſe the good that one does them, and make uſe of it ſometimes againſt their benefactors.

XLI. *The Wolf and the Dog.*

A Wolf extremely lean, met in the highway a great Dog well fed. He would have been willing to attack him, but he feared not to be the ſtrongeſt. He accoſted him then very civilly, and complimented him on his good caſe: What do you do, ſaid he to him, to be ſo large and fat? How do you live? For me, who am ſtronger than you, I die with hunger.——The Dog anſwered him—it is in your power to be as fat and as happy as me: Quit the woods. You lead there a bad and miſerable life always ex-

M   poſed

posed to the inclemency of the weather, often finding nothing to eat. Come along with me, you shall live as I live; you shall be well fed, and well lodged, and you shall want for nothing. What must I do for it, said the Wolf? Oh! no great things—almost nothing, replied directly the dog: only to take care of the house—to take care that the thieves do not enter. I do nothing but that, and in recompence they take care of me as you see. My master caresses me; the servants give me all sorts of meat to eat; and I live like a prince.—Come, said I, you shall be treated the same as myself. Truly, my dear friend; that is a happy life, replied the Wolf, (jumping with joy) I love this life better than that which I lead. They departed, on the road the Wolf perceiving the neck of the Dog pealed, what do you call that? He asked him. Oh! that's nothing; but yet that came perhaps by the collar, which I am fastened to. How fastened? said the Wolf; you cannot run then where you please.—Not always, replied the Dog; but what does it signify?—It signifies so much, replied the Wolf, that I envie no more thy happiness. I would not have a crown at the expence of my liberty.

MORAL.

This fable represents to us the happiness of liberty and the weakness of those that sacrifice it to a vile Interest. XLIII. *The*

XLIII. *The Limbs and the Belly.*

THE limbs mutined one day against the belly. They did not underſtand what right ſhe had to be alone, without having ſomething to do, whilſt they took ſo much trouble to live;—therefore they were willing to oblige him to work as well as them. If he wiſhed to be fed, the feet refuſed to walk go and fetch nouriſhment. The eyes would not any longer conduct the feet. The hands ſaid that they were tired with carrying ſo often food to the ſpit for to fill a ſluggard. The arms would not act likewiſe; in ſhort, each of them reſolved no longer to embarraſs themſelves with what ſhould become of the belly. — The belly repreſented to them many times that it was in want of food.— They abſolutely refuſed to give it any; and it remained ſo long without nouriſhment, that each limb ſuffered — they loſt their ſtrength, and became weak and languiſhing. The hands and the feet knowing their fault, were willing to repair it, and contribute as before to make the belly live. They ſaw that whilſt they believed it lazy, he contributed as much as them to the common wealth of the whole body; and that they could not ſubſiſt if they did not nouriſh him; but it was too late. The belly had been too long a time empty. It was no longer in a

ſtate

ftate to receive that fuccour they were willing to give it. Thus the body perifhed; but all the limbs perifhed alfo with it, and were punifhed for their revolt.

MORAL.

There are different degrees of dignity and honour in civil fociety, as well as in the human body; and the limbs in both are equally interefted to affift one another.

XLIV. *The Peacock complaining to Juno.*

THE Peacock complained to Juno that his voice was the moft difagreeable; inftead of that, the Nightingale, this little bird that is not much bigger than a nut, has the moft melodious voice that charms every body with the fweetnefs of his fong. Envious bird, faid Juno, in a paffion, don't you furpafs all the other birds by the beauty of your feathers? Is there any bird under the Heavens that gives more pleafure to be looked at than thee? Thou carrieft round thy neck all the beauties of the rainbow—thy fuperb tail feems fown with precious ftones—and yet thou art not contented with thy lot. The Gods have given to each animal fome particular quality: To thee, beauty of fhape and of feathers—to the Nightingale voice—ftrength, to the eagle—fwiftnefs, to the hawk—the raven has the gift to tell good augers—

augers—The Crow that of prefaging misfortunes; each ought to be contented with their
condition, and fubmit themfelves the will
of the Gods.

MORAL.

Men would be happy if they were willing
to content themfelves with their ftate, inftead that, they chagrin themfelves by odious
comparifons, that they make of the unhap-
pinefs of their condition, with the happinefs
they imagine in that of others.

XLV. *The Horfe who was willing to revenge
himfelf on the Stag.*

HORSES have not always been the flaves
to Men;—when the latter lived on
Acorns in the Woods, they with the
other Animals; as Man had no Palaces
nor Coaches, the Horfe had likewife no
Saddle, no Pack Saddle, no Bits, no Bridle,
nor Harnefs;—it was then the infancy of
the World; Men have fince built Cities,
dug up the Earth, and kill'd Animals for to
nourifh themfelves. A Horfe having had
in his time a difference with a Stag, and
not being able to catch him, becaufe that
the Stag ran fafter than him, he had refource
to Man, and implored his fuccour for to
revenge himfelf; I am very willing to affift
you to do it, (faid the Man to him) but on
condition that you will do what I tell you;

M 3 the

the Horfe having confented, the Man put a Bit in his Mouth and a Bridle, then he mounted on his Back, and followed the Stag with fo much ardour that he caught him and killed him ; the Horfe neighed with joy, and thanking his friend, was willing to retire into the Woods, no, no, faid the Man to him, you will be much better with us indeed, at prefent I know your utility, don't think I will let you go ; he led him then with him, built him a Stable, fhut him up therein and made him his flave ; the Horfe upon his Litter perceived that he had done wrong, it is true, faid he, that I am revenged, but I have loft my liberty,—it was no longer time to make thefe reflections.

XLVI. *The Dog and the Ox.*

A Dog was laid on a heap of Hay, and barked for to hinder an Ox from coming to eat; the Ox feeing the ill humour of the Dog, faid to him, thou art of a bad temper, thou will not eat the Hay, nor let others eat it.

MORAL.

It is the effect of black envy to oppofe the good doing of others, in depriving them of things which one cannot enjoy one felf.

LXVII. *The*

XLVII. *The God Mercury, and the Wood Cutter.*

A Woodcutter that was cutting wood in a Foreft, on the borders of a River, let fall his Hatchet in the Water, not knowing what to do, and defpairing with his lofs, he feated himfelf on the bank and began to weep bitterly; Mercury having heard the fubject of his grief, having compaffion on him, he fhewed him a Golden Hatchet, and afked him if that was not his, the Woodcutter replied fincerely no; is this it then faid Mercury, in fhewing him another of Silver, no replied the Woodcutter, with the fame truth, that is not it likewife; at laft Mercury fhewed him his own Wooden Hatchet, there it is! faid then the Woodcutter, it is that which belongs to me; the God to recompence this poor man gave him the three Hatchets.—The Woodcutter went away, and related directly all his adventure to the other Woodcutters, who worked near that place; one of them envying his good fortune, was willing to try if there would not happen to him the like fortune, he went on the border of the River, threw his Hatchet in and began to weep; Mercury came, and drawing out from the Water a Golden Hatchet, good man, faid he to him, is this the Hatchet that you have loft? The

other filled with joy, replied yes, and that
he knew it again very well; Mercury irritated with the impudence of the lyar, did
not give him the Golden Hatchet, nor that
which he had on purpose thrown into the
River.

MORAL.

This is but a fiction, for we can not have
any other God but the only true God, who
has created and who governs all things;
but this fable teaches us that providence
assists good people, and disconcerts often
the designs of those who make use of crimi-
nal means for to become rich.

XLVIII. *The Man and his two Mistresses.*

A Man of a middle age neither young
nor old, but who began already to
grow grey, thought seriously of marriage;
it was not through interest that he thought a
wife, he was rich, he could not fail to find
one, but he was willing to chuse, and he
was in the right. There was in a house two
women who lived together, the one young
and the other older, but who was nevertheless very amiable, they both wished to have
him for a husband, and endeavoured to please
him in every thing; as they adjusted one
day his head, the youngest picked from
him all the white hairs that he might not
seem

feem older than herfelf, whilft on her fide the oldeft picked out all the black ones, fo that the gallant remained bauld ; I am really obliged to you my fair ones, faid he to them, for having fo well fheared me, I gain more than I lofe, for I will no longer marry ; each of you whom I fhall take for a wife, are willing that I fhall live in her manner, and not mine, I am not of that advife. I am very glad to quit for my hair.

MORAL.

A philofopher faid that when one is young it is not yet time to marry, and when one is old it is no longer time.

XLIX.   *The Tortoife and the Eagle.*

A Tortoife difcontented with her condition, wifhed to become a bird ; fhe found herfelf tired with the life that fhe led, creeping always on the ground with a houfe on her back, whilft fo many other animals have their liberty to travel ever where, where they are willing, there is fo much pleafure to fee new countries and to know divers inhabitants ; fhe went then to find an Eagle, to pray of her to teach her to fly, fhe could not fail without doubt to learn very foon for fhe had much inclination for this art ; the Eagle did all that he was able to excufe himfelf, and reprefented to him even how
much

much that was contrary to his natural difpo-
fition, but as it is moſt common with obſti-
nate people, the more one oppoſes them,
the more the other will abſolutely have it.
The Eagle ſeeing there were no means to
diſſuade her, took her between her talons,
took her very high in the air, and then let
her fall upon a rock, where ſhe was put in
pieces.

MORAL.

The misfortune of the Tortoiſe, ought to
teach the ambitious, that thoſe who are
willing to raiſe themſelves too high, often
make very fatal falls.

L. *The Craw Fiſh and her Daughter.*

A Craw Fiſh uſing the privilege of a
Mother reprimanded her Daughter,
good God how thou walkeſt, ſaid ſhe to her,
canſt thou not walk ſtraight ? my Mother,
ſaid the Daughter, can I walk otherwiſe than
you do, don't I ſee you always go ſideways.

MORAL.

This fable teaches Father and Mothers
that their remonſtrances are of no uſe to
their Children, if they don't give them
themſelves good examples.

LI. *The*

LI. *The Crow and the Pitcher.*

A Crow being thirsty found a Pitcher where there was water, but as there was but little, and that the Pitcher was deep, she could not reach it to quench her thirst; she endeavoured at first to break it with her bill, then to overturn it, but not being strong enough to do it, she bethought herself at last to throw therein a quantity of little pebbles, which made the water rise high enough for her to be able to drink.

MORAL.

Necessity makes us find inventions which we should never think of, if we did not find oneself in sad conjectures.

LII. *The Satyr and the Countryman.*

A Countryman having met in a Forest a Satyr half dead with cold led him in his house, the Satyr seeing that this Man blew in his hands, asked him the reason; it is answered he, to warm them; a little time after, being at table, the Satyr saw that the Countryman blew on his Porridge, asked him why he did it; for to cool it, replied the other; then the Satyr run from the table and went out of the house, in saying I will have nothing to do with a Man who blows cold and hot with one mouth. LII. *The*

LIII. *The Clown and the Goose with the Golden Eggs.*

A Clown had a Goose which laid him every day a Golden Egg, he imagined foolishly that there was in the belly of this Animal a mine of this precious metal, and killed him for to enrich himself all at once; but what was his surprise, when having opened his Goose he found only (instead of of Gold) what there is in common Geese. He lost by his covetousness middling riches, for having been willing to procure himself all at one immense.

MORAL.

Moderate your desires, for very often we lose all, when we are willing to have too much.

LIV. *The Ape and his two Little Ones.*

AN Ape had two little Twins, he loved one of them passionately, and could not bear the other; the favorite was as handsome as the Day, sprightly and amiable as could be, (at least her Mamma believed him so) he was alert, he danced and jumped with great swiftness, and made all sort of Monkeyish tricks that made her laugh; one day by misfortune he put out his leg in jumping, and made such cries that made his

Mother

Mother runs to him immediately; she took him between her arms, and by dint of embracing him she stifled him.

MORAL.

Excessive tenderness of fathers and mothers towards their children, are very often the cause of their ruin.

LV. *The Fox and the Leopard.*

A Leopard, perfectly well spotted, was one day in the company with other animals of different kinds; he looked on them with an eye of contempt, and boasted much of the variety and fine colour of the spots on his skin; a Fox, an animal that is not stupid, approaching near him, said to him in his ear, Boast as much as you please; your skin, we agree, that is finer than ours, but are you for that less a fool?

MORAL.

Little genius prevail themselves by advantages of fortune; but by them learn that nothing is equal to the beauty of the mind.

LVI. *The Cat metamorphosed into a Woman.*

A Young Man became in love with his Cat; she was so handsome, so delicate, and she mewed with a tone so sweet; in fine, he loved her to folly; he was blind without

N doubt,

doubt, but they say that all lovers are so; he besought the gods to change her into a woman; the gods granted his prayer; she became a girl of great beauty directly our lover made her his wife : never was husband so cherished with his dear half, never a wife was so charmed with a husband. Whilst that they abandoned themselves to the happiness in being united, and the husband found no more of cat in his wife. They heard some mice trotting over the room; directly this new wife jumpt out of bed for to run after the mice; the gods, irritated, rendered her her first form, and made her become again a cat.

MORAL.

This Fable shews, that we seldom change manners in changing condition; it shews also, that a man lost in love is capable of all sorts of extravagancies.

LVII. *The Partridge and the Cocks.*

A Man caught a partridge which he put amongst his cocks; to all appearance he had no other fowl in his court-yard, and that he brought these animals for his pleasure, the partridge did not expect to be ill used by his host, her sex, and the right of hospitality, which made her hope for much kindness and regard, but she deceived herself; the cocks were not willing to let her eat,

eat, and pecked her so much that she was obliged to fly. The partridge believed at first that they had an aversion to her, only because she was a stranger, but seeing them afterwards fight and tear themselves with their beaks, and with their claws, she consoled herself, if they make so cruel a war, said she, and beat themselves with so much cruelty, although they have been brought up together, I ought not to astonish myself that they treat me so ill.

MORAL.

Don't hope for that complaisance or humanity on the side of people who have broken the lines of friendship by which Nature has united them brothers among themselves.

LVIII. *The Sick Person and the Doctor.*

A Sick person, asked by his doctor on the state of his health, and how he had passed the night, he replied to him that he had perspired very much; so much the better, replied the doctor, it is a good sign; the next day, asking the sick person the same question as he did the day preceding, the latter replied, that he had had a fever all the night, and that he was not able to sleep; this prognostic is yet good, replied the doctor, and then went away: the third day he came again to see his patient, who

told

told him he had a pain all over his body; so much the better, replied the doctor, it is a mark of health, and I assure you, you will be very soon cured. After the doctor was departed, the sick person said to one of his friends, who asked him how he was, Alas, my dear friend, they say I am better, nevertheless I feel that I am dying.

MORAL.

A man who knows himself will pay no attention to dangerous flatteries if he is wise; he will love better that one would speak to him with sincerity.

LIX. *The Hare and the Tortoise.*

A Hare, considering the Tortoise, which crept with trouble, began to mock her, and of her slowness; how heavy thou art, said she to her; how slowly thou walkest: for all that, said the Tortoise, I will wage that I will conquer the course; and although thou boasts so much of thy swiftness, let us wage that I will arrive sooner than thee, at such a place; sooner than me, said the hare, thou ravest, thou art surely mad; mad, oh no, replied she, I will lay what you will, it is done. They departed; the hare in a moment left the tortoise very far from him, and not seeing her any longer, he reposed and amused himself in browsing, and slept to recover a little of his strength;

for.

for, said he, I will catch her when it pleases me.—The tortoise walked on without stopping, and when the hare awoke, she was so near the end of the career, that although he ran with all his strength, she arrived there before him, and won the wager.

MORAL.

An enemy who believes himself invincible, and who neglects to take precautions, is conquered by another less redoubtable than himself, but who knows how to take advantage of every thing.

LX. *The Fawn and the Stag.*

A Fawn discoursing one day with a Stag, said to him,—I don't understand why you fly always before the Dogs; you are greater and stronger than them; much better armed, if you were willing to defend yourself; and much swifter at running, if they oblige you to take flight. All that is true, replied the Stag: you can tell me nothing on that subject, but what I have told myself many times. I don't know from whence it comes, and I don't understand it likewise; but whatever resolution I take, I no sooner hear the dogs, than I cannot hinder myself to take to my legs.

N 3

MORAL.

MORAL.

There are natural infirmities which are insurmountable: When people are born paltroons, it is impossible to render them courageous—discourse and advice does not cure fear.

LXI. *The Animals called before Jupiter.*

JUPITER, said Æsop, one day assembled the Animals, in the design to remedy whatever each of them should find defectious or disagreeable in his figure. When they were all present, he began with the Ape, and asked him if he was content with himself; without doubt, great god, replied he; who can find fault with my shape?—Have I not the finest face that there is?—It seems to me that nature has favoured me more than any other animal. But my brother the Bear is but rough hewed; he is but an infirm lump of matter. The Bear drew near: they thought that he was going to complain; very far from that, he agreed with his master. It is the Elephant, said he, that is a droll figure: his tail is too short, and his ears are too long. The Elephant found the Whale too big. The Ant thought that the Hand-Worm was too small. At least each animal was very content with himself, but not with others.

MORAL.

MORAL.

We know the faults of others, and we are blind to our own.

LXII. *The Lark and her little Ones.*

THERE was in a field of corn ready to be reaped, a brood of Larks that were not ſtrong enough to fly. The mother never went out for to fetch them food, without charging them expreſsly to remember what they ſhould hear during her abſence.—— At her return, the little ones told her that the maſter of the field had come; that he had found the corn ripe, and that he had ſaid to his ſons,—Go to the houſe of their friends, for to pray them to come the next day early in the morning, to aſſiſt them to cut the corn. Is that all, ſaid the mother; if they ſaid but that, nothing preſſes for us to diſlodge; but to-morrow liſten well what he ſays. In the mean time, go on and eat, and do not diſquiet yourſelf.——The next day came. The friends did not come; the Lark went out as uſual; the maſter alſo came to make his rounds with his ſon:—This corn ought to be cut. Go then to-morrow to the houſe of our relations, and beg of them to come to aſſiſt us. The Lark returned; the little ones, frightened, told her that this time they muſt decamp, for the father had ſent for his relations. No, no, my children, ſaid the mother, ſleep without fear; there is no

danger

danger yet. She was in the right, nobody came. The master came to visit the corn the third time : We have done wrong, said he to his son, for to rely upon others ; we must, as soon as to-morrow, begin to cut it ourselves, it is the shortest ; we shall finish it when we are able. When the Lark heard that, it is at present, said she, my children, that it is time to decamp ; for since the master talks of coming himself, I do not doubt but he will keep his word.

MORAL.

When we are willing that business should be done well, and in proper time, we must do it ourselves.

LXIII. *Death and the Wood-Cutter.*

A Poor Wood-Cutter, loaded with years, and tired, returned to his hut almost sinking under the wood that he had cut ; by the way, fatigue weakened him ; he was obliged to put down his load, for to repose himself, and to take breath. Then thinking of his misery, (for the poor man had a great deal of trouble, and often wanted bread), he wished for death : He called him, as being alone able to deliver him from all misfortunes. Death came. What wilt thou ? he asked of him. Who, me ? replied the unhappy one, quite frightened ; nothing—

it

it is only that you will have the goodnefs to reload me with my burden.

MORAL.

Sooner fuffer than die, is the motto of men.

LXIV *The Adder and the Hedge-Hog.*

A Hedge hog did not know where to retire one night, when he was very cold, an adder had compaffion on him, and received him into her hole, but when he was there, he ftretched himfelf at full length fo that his prickles incommoded very much his hoft; the adder feeling himfelf ftung on every fide, prayed him to go elfewhere, becaufe the hole was too little, and that there was not fufficient place for them both very well; faid the hedge-hog, if you cannot remain here, you have but to get out, for I find myfelf very well as I am; fo that fhe faw herfelf obliged to give up her abode, and to feek another elfewhere.

MORAL.

There are many hedge-hogs in the world: why are there no human laws to punifh thofe who ill treat their benefactors ?

LXV. *The Fox without a Tail.*

AN old Fox, and the moft cunning, who had cat many fowls in his life, fell at laft laſt in a trap which one had laid for him; he eſcaped again, but not entirely, for he left there his tail: quite aſhamed to ſee himſelf thus disfigured, he undertook for to conſole himſelf to perſuade thoſe of his own kind to get rid of their tails. One certain day that the foxes were aſſembled to do buſineſs, he made this diſcourſe: What do we with our tails? what uſe are they of to us? it is an uſeleſs load, and embarraſſing; it is only good to ſweep the roads, upon my faith believe me; let us cut them, we ſhall run better. Another fox, alſo as cunning as himſelf, let him ſpeak until the end without interrupting him, and when he had ſaid all, before one returns you an anſwer, ſaid he, I pray you turn yourſelf. All the Aſſembly began to laugh; then they anſwered him, we will keep our tails, and will not partake with your ſhame.

MORAL.

In the deliberation of an aſſembly, it is good to know the intereſt that a man may have in the advice that he gives, for there are few people that the only love of public good makes them ſpeak.

LXVI. *Two Frogs that was a travelling.*

TWO Frogs inhabited a marſh, which was intirely dried up by the exceſſive heat of the ſun, a thing which commonly happens

happens in a dry and warm summer; these two frogs abandoned their dwelling, and seeking in the country some proper place to retire themselves; having found a well very deep, Here, said one of these frogs to his companion, here is a place quite commodious enough if you wilt; we will go no further, but we will remain here, for perhaps we shall find no better: I consent to it, said the other, but before that we descend into this well, let us consider well how we shall get out, if ever the heat or any other accident should make this well dry.

MORAL.

If men reason like the frogs, they would not make so many false steps, of which they are forced to repent themselves of.

LXVII. *The Stork, the Rats, and the Frogs.*

A Stork, who had not eat for a long time, not knowing how to catch the frogs, which remained at the bottom of their marshes; nor the rats, who would not get out from their holes, went upon the borders of the marsh, and said to the frogs, that the rats witnessed every where great contempt for them, and that they boasted publicly that one rat was able to beat four frogs. They were very much irritated with it. The frogs had courage, and they protested they would

not

not refuse to fight with the rats in their own country. The ſtork went afterwards to the quarters of the rats, and aſſured them, that the frogs deſpiſed them, and even ſaid that one frog was ſufficient to put to flight a great quantity of rats: they were as irritated as the frogs, and defied them to battle. They choſe for the field of battle a great plain equally diſtant from the marſh of the frogs and from the abode of the rats; the combatants being come there, the ſtork, who ſaw them at her diſcretion, began to make a great ſlaughter of them; thoſe rats and frogs who eſcaped knew that they were the dupe of the ſtork.

MORAL.

Don't liſten to the reports of a common enemy, for he only thinks of hurting you, and to excite diverſion for to make a profit of them.

LXVIII. *The Sun and the Wind.*

THE Sun and the Wind diſputed between themſelves which had the greateſt power over men, and made them feel the moſt of his power. Don't you ſee, repreſented the Wind, that when it pleaſes me, I can throw down the greateſt trees, I make entire palaces humble, I knock down the ſtrongeſt towers, I overſet veſſels on their voyages, and in ſpite of the art and efforts

of

of the pilot, I throw them on the banks of
fand, or againſt a rock, where they break to
pieces. I confeſs that your power is very
great, replied the fun, but all is forced to
give up to mine. As they were thus diſ-
puting, they faw a traveller with a cloak on
his fhoulders; they agreed that he who
fhould make him quit his cloak, fhall have
gained the cauſe : directly the wind began
to blow againſt him with all its ſtrength, ſo
that the traveller could not advance; he even
feared that the wind would drive him back,
and he would have been infallibly thrown on
the ground, for fear of being carried away
by the wind, if he had continued; but more
the wind was violent, the more he wrapped
himſelf up. The wind ceaſed at laſt, and
the fun began to appear; he no ſooner darted
his rays on the head of the traveller, than
the latter, who perſpired, and was almoſt out
of breath, quitted his cloak, and ſeated himfelf in the fhade for to repoſe himſelf :——
Thus the victory remained with the fun.

MORAL.

Mildneſs does more than force, when we
have to do with people who make uſe of their
reaſon.

LXIX. *The Waggoner funk in the Mire.*

A Waggoner feeing his cart funk in the
mire, began to ſwear furiouſly, and

put

put himself in a paffion againft the road, againft the horfes, againft the cart, and againft himfelf; afterwards he invoked the Gods to draw it out from hence.—As his cart advanced no farther, and the Gods feemed deaf to his cries, he fat himfelf down bewailing his misfortune; then he heard a voice, which faid to him,—Fool that thou art, why don't you endeavour yourfelf to difengage your cart, in raifing it with your arms or with your fhoulders, and in whipping thy horfes for to make them draw?—It is thus that thou wilt get them out.—Believeft thou that the Gods will do every thing for you, whilft you remain with your arms acrofs.

MORAL.

The murmurs of fluggards are impious, their prayers are in vain; providence affifts only thofe who affift themfelves.

LXX. *The Drones and the Bees.*

THE Bees had made their honey at the top of an oak; the Drones pretended that the honey was theirs, and were willing to drive out the Bees. The affair was put in juftice, and tried before a Wafp, who was taken for a judge; the cafe was not eafy to judge, according to the common rules.—The witneffes depofed that they had feen, during a long time, about the place where

the

the honey was, little winged animals buz-
zing, a little long of body, and of a tanned
colour; but thofe depofitions were not more
favourable to the Bees than to the Drones,
which refembled them in every thing in the
exterior part. Therefore the Wafp pro-
pofed one thing: until now, faid fhe, it is
impoffible to difcover on which fide the right
is of; but take hives, and each of you work
your beft, and I can be able certainly to
judge by the form of the comb, and by the
tafte of the honey, to whom it belongs in
queftion. The Bees fubmitted with pleafure to this condition, but the Drones would
not fubmit to it; thereupon the Wafp ad-
judged the honey to the Bees: for it is evi-
dent, faid fhe to them, that you don't know
how to do as much.

MORAL.

Upright people ought never to make a
difficulty to prove that they are fuch.

LXXI. *The She Cat and one of her Friends.*

A She Cat being very near her time,
begged of one of her friends to lend
her her kennel to put down her young ones;
the other, who was of a good temper, confented to it willingly. Some time afterwards
the latter being in want of her kennel, came
to fee the other, and re-afked it of her.—

The

The She Cat reprefented to her that her young ones fcarcely walked, and begged of her to let her remain in her kennel fome little time longer, at the end of which fhe would render it back to her, for her young ones would then be in a ftate to follow her; this fecond term being expired, her friend came to afk again her abode of her. I am ready to go out, faid the She Cat to her, in fhewing her her teeth, if you are able to put me out with my young ones; they were become ftronger.

MORAL.

Don't give yourfelf up to the wicked, and don't let them take any power over you.

LXXII. *The Weazel entered into a Barn.*

A Weazel, very lean, becaufe fhe was juft come out of illnefs, being entered into a barn by a hole very narrow, fhe lived at difcretion a little time, afterwards became very big and fat. Hearing one day a noife, fhe ran to her hole for to get out, feeing that fhe could not pafs, fhe believed herfelf miftaken, and ran to another part to feek for her hole, but finding no other, fhe returned to the true hole; very well affured that it was the true hole, and tried again, but in vain, to get out. A Rat that faw her, faid to her,—It is not at all furprifing that
you

you cannot get out of this hole: you were lean when you went in, you are now become fat; you muſt become lean again, if you are willing to get out.

MORAL.

Thoſe whoſe thefts have put themſelves in the caſe of the Weazel, ſhould profit by the advice of the Rat.

LXXIII. *The Cat and an Old Rat.*

A Cat, the terror of Mice and of Rats, and who had made a great carnage of them, ſeeing that the Mice did not dare to get out of their holes for fear of becoming her prey ſhe bethought herſelf to counterfeit death, and to hang herſelf to a nail, with her head down. The mice perceiving her without getting out directly quite from their holes, thought in earneſt that one had hung the curſed animal for her crimes; then they went out for to rejoice of the misfortune of their enemy, when the cunning cat threw herſelf on them and devoured them, in ſaying truly, we know a trick for to catch you, and you ſhall not always eſcape me.— Some time afterwards ſhe deceived them, for the ſecond time, by another manner, ſhe rolled herſelf up in flour: thus diſguiſed, ſhe ſhut herſelf in a trow quite opened, where ſhe catched again ſome Mice. — An only

Rat,

Rat, an old cunning one, that had even lost his tail in saving himself from some rat traps, this Rat said,—I seeing the Cat afar off, had the prudence not to go nearer; I mistrust even the flour, said he, and when thou shalt become a stone, I will not go nearer for that.

MORAL.

The wise will not let themselves be deceived twice by the wicked, when they know their cheats, and when they have had the misfortune to make experience of them.

LXXIV. *The Ape and the Dolphin.*

A Ship was wrecked near Athens, and all the crew perished.—They say that the Dolphin is a friend to man:—This animal passing near the ship half sunk into the water, saw an Ape on the deck; he took him for a man, and made him sit on his back, in saying to him,—Fear nothing; I am very glad to have come soon enough for to save your life. Are you of Athens, asked afterwards the Dolphin of him, and have you any friends there?—Yes, replied the Ape, I am well known there; I have a cousin who has been mayor, and my uncle is at present judge. Your parents are of distinction, said the Dolphin. Do you know the Pyraeus?—If I know them, replied the Ape, they are one of my best friends; we

often

often drink a bottle together.—At thefe
words the Dolphin made a great burft of
laughter, for the Pyraeus is the name of a
port of Athens: afterwards he turned his
head, and feeing that he carried nothing but
a beaft, he extricated himfelf from him, and
left him to the mercy of the waves.

MORAL.

Would there be great harm if one were
to drown a few certain men who have much
talk, and as much ignorance.

LXXV. *The Frog and the Rat.*

A Rat of good humour fported upon the
banks of a marfh without thinking of
evil—a Frog accofted him, and faid to him,
come and fee me at my houfe, it is not far
from hence—I will regale you well, and we
will divert ourfelves, befides you fhall fee
our palaces, our cuftoms, and our manners;
our empire is very curious. The Rat, who
promifed himfelf a great deal of pleafure in
travelling by water, faid, with all my heart,
Mr. Frog, you do me honour, provided that
I fhall be of no expence to you, but I don't
know very well how to fwim, what fhall I
do?—The Frog knew to remedy that—
that fhall be no obftacle to your journey,
faid fhe, I will tie your paw to mine with a
little bit of rufh, by which means I fhall affift you to fwim, and hinder you from fink-
ing.

ing. The Rat thought it was well contrived
—they set off, and entered into the water—
the perfidious one endeavoured against the
rights of people to draw his host to the bottom for to eat him there, it was for her and
her young ones, a delicate and fresh morsel
—she draws—he resists—whilst they strug-
gled, a bird of prey which hovered in the
air, fell on the poor rat, took him away,
and with him the Frog hung to his paw, thus
the bird took at once flesh and fish, of which
he made a good supper.

MORAL.

The best contrived perfidy is very often
fatal to its author.

LXXVI. *The Miser who lost his Treasure.*

AN unhappy Miser had hidden his
treasure in a field. He thought of it
every moment, and went to see it twenty
times a day; at last, some one suspecting
that he did not go so often to the field for
nothing, spied him out, and went after him
to the place, found the treasure, and took it
away.—The Miser finding no longer his
money when he returned, bemoaned his
misfortune, lamented, and almost afflicted
himself to death—a passenger asked him
what ailed him—some one have taken away
my treasure, said he—where was it then ?—
all against this stone—why did you bring it
so

so far, could you not take care of it at your own house, you might have made use of it whenever you would have been willing ?— Make use of it? said the Miser, I never touch it.—Eh good God! said the other, why do you afflict yourself so much, since you never touched your money ; put a stone in its place, it will do you as much good.

LXXVII. *The sensible Ass.*

AN Ass fed in a meadow when the alarm spread that enemies approached—his master frightened, cried out to him to take flight with him, or else they would both be taken; well, asked the Ass, without quickening his pace, will the enemy make me carry two saddles ?—no said the master.— What does it signify to me then to be made prisoner, replied the Ass, since I am already a slave; fly and let me feed.

MORAL.
The changes which happen in states does not alter the condition of the unfortunate.

LXXVIII. *The two Bulls and a Frog.*

TWO Bulls fought for a cow, and for the empire of the meadows: a Frog seeing them from her marsh, cried out, alas! what will become of us, what shall we do. How— what ails you, I pray, asked one of her

companions

companions to her—eh! don't you see those
Bulls which fight—well said the other, let
them fight, what's that to us, are you willing
for us to go and separate them?—What, replied the frog, don't you apprehend the misfortune that threatens us? what misfortune,
I see none for us—when they shall have put
themselves in pieces, their kind is so different
from ours, and their manner of life so different likewise—that is true, replied the
wise frog, but the conqueror, who shall remain master of the meadows, will no longer
suffer no other who shall come to take re-
fuge in our marshes, and who will trample
and crush us under foot.

MORAL.

At all times the little ones have suffered
for the quarrels of the great.

LXXIX. *The Eagle, the Wild Sow, and the She Cat.*

AN Eagle had littered upon the top of a
tree, a Wild Sow at the foot, and a
She Cat in the middle. It was chance which
made them neighbours, they lived there
quietly and with good accord, but the She
Cat destroyed very soon their union by her
tricks; she climbed first to the nest of the
Eagle and said to her, my dear friend, let
us keep ourselves well on our guard, for we
have a bad neighbour; this cursed Wild
Sow

Sow does nothing but dig at the foot of the tree in order to throw it down, and to devour our young ones—afterwards she defcended to the abode of the Wild Sow—my neighbour, faid fhe to her, you believe yourfelf perhaps in fafety, and think but little of the danger to which your little ones and mine are expofed; but I can affure you, that the cruel Eagle waits but for a favourable opportunity to throw herfelf on your young Wild Sows, and carry them to her young Eagles for to eat, therefore, if you believe me, remain at home and don't ftir—for me, I am refolved not to go out at all.—After having thus filled her neighbours with miftruft and with fright, fhe returned into her hole—from whence, neverthelefs fhe went out foftly in the night for to go to feek food for her young Cats, but in the day fhe kept herfelf upon the watch, looking on one fide and the other as if fhe was much afraid: —In the mean while the Eagle not daring to go out for fear of the Wild Sow, nor the Wild Sow for fear of the Eagle, they died with hunger with their young ones, and left the Cat wherewith to regale her own plentifully:

MORAL.

Don't give heed without examining the difcourfe which might tend to the blackening the fidelity of a friend.

LXXX.

LXXX: *The Stag and the Oxen.*

A Stag followed very near by huntſmen, ſaved himſelf in a farm, and finding a ſtable of Oxen open, he entered within, and begged of the Oxen to let him remain there until the next day.—What are you thinking of, ſaid one of the Oxen to him, to come to hide yourſelf here, there are always people who go and come for us, we wiſh no better than to do you ſervice—we will not betray you aſſuredly, but I fear much that you will be diſcovered.—The night came, the ſervants brought as uſual provender and litter, the ox-keeper came to ſee in what ſtate the oxen were in, and went away without ſeeing the Stag, then the animal full of joy, thanked the Oxen for their good hearts, and promiſed them, that if ever it ſhould be in his power, he would witneſs to them his gratitude—we wiſh with all our hearts, that no harm may happen to you, replied the Ox, who had already ſpoken, but you are not yet out of danger, for if the man with an hundred eyes come here, as he but ſeldom fails, I would not be in your ſkin for all the gold in the world.—As he was yet ſpeaking, the man with an hundred eyes came in to make his rind, he looked every where, he viſited all the corners and nooks; what do theſe yokes do here, and theſe collars, ſaid he to his people, put them in their places—this litter is old, why is there not ſome hay in the

racks,

racks, it seems to me that your beasts are not well taken care of—what great trouble would there be to take away those cobwebs? At last, looking on one side and the other, he perceived the horns of the Stag—heh, heh, said he, how has that one thrust himself here? truly there is wherewith to make good cheer; I am very glad to have come to the stable. Directly he had him killed, and regaled himself and his friends with him.

MORAL.

There is nothing like the eye of the master.

LXXXI. *The Bear and the Bees.*

A Bear stung by a Bee, put himself in so great a passion, that he ran like a furious one to overturn the hives, for to revenge himself; but he drew upon himself the fury of many swarms, who going out of their hives, threw themselves on him and stung him on all sides. He retired in, saying, I suffer what I well deserve.

MORAL.

Its better to suffer the insult of one scoundrel, than to expose and draw on oneself the affront of a whole rabble.

LXXXII. *The Lion and the Gnat.*

I Dont fear you, said one day a Gnat to a Lion—I am surprised that you take the title of the King of Animals; the ox is bigger than you, nevertheless I do what I will with him, in spite of the arms which nature has given you—I defy you to combat. The Lion looked on the insect with contempt, and without giving him an answer. The Gnat immediately began the attack, by throwing himself upon the neck of the Lion, and renders him furious—he foams, his eyes sparkle, with rage he fills the air with his roarings, every thing trembles round about, and this alarm is the work of a Gnat—he stings, sometimes his chin, sometimes his throat—in vain the Lion makes his tail act and beats his flank; at last the insect enters into his nostrils, and torments him in such a manner, that the king of the animals falls with pain, and tears himself with his own claws. The insect triumphs, and quits him quite proud; and as he retired, publishing every where his victory, he met a cobweb, where he embarrassed himself and became the prey of another insect.

MORAL.

The least enemies are often most to fear.

LXXXIII.

LXXXIII. *The Oak and the Rush.*

THE Oak reproached the Rush with his weaknefs, and that the leaft wind laid him on the ground; yet, faid he to him, if you grow under the fhelter of my branches I defend you from ftorms; but you inhabit places where the wind blows moft—I confefs that nature feems to me to be unjuft on your fide. Your compaffion, faid the Rush, is very good natured, but ceafe to be uneafy on my account, I am lefs to be pitied than you, and the winds ought to be more dreadful—I ply, but I don't break; it is true, that until now you have happily refifted the efforts of the winds, but wait until the end. As he faid thefe words, a moft violent wind arofe, and blew with fo much force, that it tore up the tree. The Rush fimply plied, then rofe himfelf without any harm when the ftorm was paffed.

MORAL.

The middling condition of a particular perfon, is not expofed to dangers which threatens the great.

LXXXIV. *A Hawk and a Capon.*

A Capon did not liften to a cook who called him for to cut his throat; it was by inftinct without doubt, for he was to make the next day a dish of honour of fowls—an honour which he seemed not to care for, for when he was called, the cook had a deal of trouble to take him. In the while, an Hawk said to him, art thou deaf—don't you hear that one calls you? for me, when I hunt with my master, he never calls me twice, I return to him as soon as I hear his voice; but one cannot teach you other stupid animals.—I hear very well that one calls me, said the capon, and I see very well that hangman of a cook with his great knife in his hand, but it is because I know what he wants with me that I won't hear him, and that I do what I can to save myself; believe me, if one put every day to the spit as many hawks, and one put capons, you would not be surprised with the indocility which makes me fly.

LXXXV. *The Combat of the Birds and the Terrestrial Animals,*

THE Birds and the Terrestrial Animals declared one day war.—One saw appear then on both sides manifestos, where each kind exposed clearly to what he pretended the grievance that he had against the other. They both complained of wrongs done, of injustice, of hostilities committed, even in time of peace, and against the faith of the treaty; so that the two parties found themselves at last obliged to have recourse to
the

the means that Jupiter had put in their power to do themfelves juftice. They took Heaven to witnefs, that it was with regret that they were going to fpill the animal blood, and repairing themfelves on the juftice of their caufe, they hoped confidently that the God of Battle would favour their arms ;—whilft the Gods and Men knew that the true motive of the war was but pride and ambition, and that the alleged reafons in the manifeftos was but a pretext for to come to a rupture, and that they took arms but for pre-eminence and to defend the foolifh honour of their fpecies —However it may be, they gave battle to decide their great quarrel—the combat was bloody and obftinate—the victory remained doubtful a long time, without declaring for the one nor for the other. The Bat who had remained neuter, feeing that the terreftrial animals had the advantage, believed that they would remain conquerors, and took himfelf to the fide the ftrongeft in appearance ; but the Birds being rallied, fortune changed very foon, and they carried a complete victory over their enemies. The Bat would alfo change fides, and paffed into the camp of the Birds; but the council of war affembled, fhe was there unanimoufly condemned as a transfuge to be ftriped and banifhed for ever from the fociety of the birds. She was fo afhamed and fo grieved with her misfortune, that fince

that

that time, she durst not fly in open day, and only shews herself by night.

LXXXVI. *The Old Woman and her Servants.*

A Good old Housewife had a custom to awaken her servants every morning at the crowing of the cock. She rose herself the first ; afterwards she made her servants rise, whom she made work until night. The poor girls did not love to rise so early. After having thought of the means to sleep longer, they resolved to kill the cock as the cause of the hard life that they led : for said they, when he shall not wake any longer our mistress, she will not awake us so early. But quite the contrary happened—for when the cock was dead, the Old Woman fearing to make her servants rise too late, awoke them at all hours of the night, but always sooner than later. Thus the servants killed the cock because he made them rise very early ; instead, in effect, it was the crowing of the cock that made them not rise so early.

LXXXVII. *The Quack Doctor.*

THERE always had been, and there always will be Quack Doctors. A man, in a country where he was not known, boasted the power of teaching the Latin and the Greek in a months time, and even to
those

those who had the least capacity. Yes, gentlemen said he, give me an afs the most stupid of all animals, I engage to make him a doctor in lefs than ten months. He shall be Grammarian, Orator, Poet, Philofopher—in one word he shall know every thing. The Gentlemen of the Royal Society shall examine him. The King, hearing fpeak of that, made the Doctor come. Well, faid he, I have in my ftable an afs whom I would make an Orator; how much do you afk for that? —Sire, the fum is not confiderable—and your Majefty shall be fatisfied. I will content myfelf with an honeft penfion during the time that I shall inftruct the Afs; but if I don't make him an Orator in ten years, I confent to be hung in the public place, as a notorious offender. They granted him what he afked. Then fome one faying to him, that he ran a great rifque to be hanged—fear nothing on my account, replied he, for before that time, the King, or the Afs, or myfelf we shall die.

LXXXVIII. *The Artift and the Sailor.*

AN Artift afked a Sailor where his father died? The latter anfwered, that his father, his grand-father, and his great grandfather all died on the fea.—Well, faid the other, are you not afraid to go to fea? Not at all, replied the Sailor—but tell me alfo, I

pray

pray you, how your father. your grand-father, and your great grand-father died. They died on their bed, said the other. Very well, replied the Sailor; why should I be more afraid to go to sea, than you to go to bed?

LXXXIX. *The Old Man and the three Young Men.*

AN Old Man of eighty years put it in his head to plant all over his grounds. The twenty thousand acorns that I have put in the ground, said he, will make in some time hence twenty thousand oaks, which in twenty years, at a crown a piece will be worth twenty thousand crowns, and forty thousand in forty years. Three Young Men, his neighbours, thought he raved; in the name of God, said one of them to him, can you hope ever to have the pleasure to repose yourself under the shadow of these trees?— One might perhaps excuse you to build, but for to plant, does it become you at your age to have any thought of the future?— that only becomes us young men.—Age does not signify, replied the Old Man; you may die as soon as me, and even sooner— you are not sure of living until to morrow: I plant, it is true; I give myself the pleasure to plant for my little children; the wise think but of himself—but I enjoy at present my pleasure. I can enjoy it again to-morrow,

row, and some other days I can see these
trees grow longer than you.—The Old Man
was in the right, the Young Men died all
three in less than three months: the one was
drowned, the other was killed in the army,
and the third with a tile which fell on his
head.

XC. *The Milk Girl and the Milk Pot.*

A Milk Girl went to the city with her Milk
Pot on her head. [It was in France,
where the Milk Girls don't carry the milk in
pails suspended to a cross placed upon their
shoulders as in England.] She walked very
fast, and counted already in her thoughts
the money which she should make for her
milk.—How shall I make use of it for the
best, said she—I shall certainly have a piece
of thirty pence for my milk. I will buy immediately eggs; these eggs will give me
chickens, which I will bring up—the little
yard of our house is quite commodious for
that—my chicken will be there in plenty;
in selling my chicken I shall have wherewith
to buy a sow, which will give me little pigs
—the pigs will cost almost nothing to fatten,
and I shall sell the lard very well; after that,
why shan't I buy a cow—I shall have money
enough for that—the cow will give me a
calf—what a pleasure will it be to see the
calf jump in the meadow!—Thereupon the

Milk

Milk Girl jumped also with joy. The pot of milk fell, and all her fortune was lost with her milk.

XCI. *The Oyster and the Pleaders.*

ONE day as two men travelled on the banks of the sea, they found an Oyster; both were willing to have it. One of them stooped already for to pick it up; the other pushed him away in saying, we must see who shall have it—it belongs by right to him who saw it the first. On that foot, said the other, I ought to have it then, for it was me who shewed it you. Oh, I have good eyes thank God, replied the first, I saw something afar off, and I even thought it might be an oyster.—Whilst they were disputing, came the procurer of a neighbouring village. Our travellers took him for a judge: our judge listened attentively to the parties; he opened the oyster gravely and swallowed it; then presenting each of them a shell, the Oyster was good, gentlemen, said he to them, go live in peace.

XCII. *The Treasure and the Two Men.*

A Man not having any longer money nor credit, and not knowing what to do to live, resolved to put an end to his misery, and

and to hang himself—or otherwise he would die with hunger, and he feared this kind of death more than the other. In this intention, he bought a cord, and went to an old manfion that no perfon might interrupt him in the execution of his defign. As he drove in a nail for to tie his cord to it, the fhaking loofened from the wall a ftone, which fell upon him with a treafure, and which he thought would crufh him to pieces. By good luck he received no injury, and was agreeably furprifed with what he faw: he changed his defign, took up the gold, and returned home. He was no fooner gone, than the mafter of the treafure came, and not finding his money—What, faid he, in a rage, fhall I lofe my money without hanging myfelf—no, I will not furvive my lofs. He perceived the cord which the other had brought, he tied it to his neck and hung himfelf with defpair.—Perhaps it was a confolation to him that the cord coft him nothing.

CXIII. *The Acorn and the Citron.*

A Countryman, confidering the largenefs of the Citron, and how fmall its ftalk was, cried, What was the author of nature thinking of when he made that plant there? —its ftalk is fo little proportioned to its fize, that it can't fupport it; and that its fruit is

obliged

obliged to lie on the ground and spoil itself. That fruit would have done much better to have been placed upon this Oak, it is a large and strong tree.—And again for example: wherefore the Acorn which is not bigger than my little finger, it does not grow on a little stalk—oh, as to that God is mistaken. Those reflections terribly embarrassed him. In the mean while he laid down at the foot of an Oak to take a little sleep—but he could not sleep. One do not sleep when one has so much sense. The wind was strong, it knocked down some Acorns; one of them fell upon the nose of our critic, who put his hand to it; the blood came out. —Oh! oh! said he, in changing his tone, I see now that God has done right in what he has done—if these Acorns had been Citrons, they would have broke my head. Thus he returned home in praising God for every thing.

XCIV. *The Bear and the two Men.*

A Huntsman who was in want of money, went to a furrier and asked him how much he would give him for a Bear skin? but, added he, it is the finest bear skin that one has ever seen. The other offered him what he thought reasonable, and at the same time wished to see the skin. The Bear is yet living, and in the forest, said the huntsman; but

but if we agree, I engage to kill him to morrow, and you shall have him after to-morrow without delay. They agreed to the price.
The furrier, who never saw a bear killed, had
the curiosity to go a hunting with the other.
—The next day they were scarcely entered
into the wood, than they saw a great bear
which came to them. The furrier repenting
but too late of his curiosity, and trembling
for his life, got up immediately into a tree.
The huntsman, not less afraid, laid himself on
the ground and withheld his breath as if he
had been dead, having heard say, that bears
will not touch dead bodies. The bear approached him, smelt him, returned to him,
at last took him for a dead body, and left
him. When he was gone and there was no
longer any danger, the furrier came down
from the tree, and approached the huntsman—rise now, said he to him, we are very
fortunate to be quit with our fear; but tell
me, I pray you, what the bear said in your
ear, for he spoke to you very nearly? Upon my faith, said the huntsman, he told me
never to sell a bear's skin before one has
killed him.

XCV. *The Miller, his Son, and the Ass.*

A Miller went with his Son to sell an Ass
at a fair which was kept in a village

Q   at

at some distance from thence. Not to tire the als, and in order that he might be fresher in arriving, they tied his feet, they tied him to a pole, and carried him thus suspended upon their shoulders. The first who saw them burst with laughter—what folly to carry an Afs! The good man coloured in effect with simplicity. He untied the Afs, made his son get upon him, and they continued their road. They met very soon, people who could not bear to see the Son upon the Afs—what a shame said they, that this young drole one, large, robust, and who is in good health, should be upon the Afs, whilst the good man his father goes a foot!—Gentlemen, said he, I will content you; and at the same time he got up upon the beast, and made his son walk. At some distance from thence, they found other people who were surprised to see the son walk whilst the father was upon the afs; the father thought he was in the wrong, and took his son behind him. In truth those two clowns are fools, cried some one who saw them pafs—what! are they willing to kill this poor animal, he can do no more, he will never go to the fair.—Zounds said the Miller, what must be done to content every body! In the mean while, he tried yet another time: they both got down from the afs, and made him walk before them. Those who met them afterwards said, they were wrong to fatigue themselves, and

to

to wear out their shoes for fear to trouble the afs.—I should be wrong myself to endeavour to please you all in what I do, said the Miller to them; what you find good displeases some other; say all that you will then—blame or approve me, I will not trouble my head about it.

XCVI. *A Gardener and the Lord of the Manor.*

A Man who loved gardening, had a very fine garden furrounded by a hedge. His flower-garden was full of all forts of flowers, which he cultivated with a particular care; and his kitchen-garden was also in a good state.—A hare which entered there once by a hole, came regularly night and morning to take his repaft. Our man having laid traps for him in vain, complained at laft to the Lord of the Manor: I believe, said he, that he is a forcerer, for one cannot catch him. Was he the devil, replied the other, he shall not escape my dogs, I answer for it; and I will get rid of him for you as soon as to-morrow: you may rely upon it. The next day, came the country 'fquire, with a good company of huntfmen. Good day, good man, we are come to deliver you from your hare, but let us begin by breakfasting—your wine, is it good—what have you to eat? At

Q 2

these words every thing was stirred up in the kitchen—they brought the breakfast. The country 'squire looked all over the house—these are hams which have a good appearance. Sir, they are at your service. Truly I accept them with a good heart, replied he directly; these are morsels fit for gentlemen. The breakfast is ready—they breakfast. The country 'squire, the company of huntsmen and their followers, the horses, the dogs, and the servants, they regaled themselves at the expence of the good man—they drank his wine—the house is a pillage—the huntsmen with their hunting horns make such a devilish noise! All that displeased the good man; he was quite astonished—he is not the master of his own house. But the worst was when they ran to the kitchen-garden; they sought every where for the hare, they found him at a form, that's to say under a great cabbage; they lamed him, he fled, they ran after him across the hedge. At last the huntsmen and the dogs did more damage in one hour, than all the hares in the country would have done in an hundred years.

XCVII. *The Merry Andrew and the Countryman.*

A Man extremely rich, willing to give feasts to the Romish People, promised reward

reward to all thofe who fhould have fomething curious to fhew, or who could in any
manner contribute to the public diverfion. A
Merry Andrew fhewed himfelf there, mounted upon the theatre, and after having fa-
luted the company, and made fome diverting
tricks, he began to counterfeit the fqueaking
of a little pig: which he did fo well, that every
perfon thought he had one hid under his
cloak, and they made him open it to fhew
them if he had nothing under it. All the affembly very well fatisfied, clapped their
hands, cried *encore, encore*, and loaded him
with applaufe, faying that it was impoffible
to imitate the pig better than him: when
a countryman cried out from the middle of
the croud, that if they would permit him to
mount the theatre the next day, he boafted
to counterfeit the pig much better. The
gentleman promifed him a good fum of
money if he did, and ordered the Merry
Andrew to return.—The next day, when
every body were affembled, our two men
mounted upon the theatre. The Merry Andrew began the firft to counterfeit the pig,
and every one clapped their hands and
fhouted with cries of joy. The Countryman having orders to counterfeit it in his
turn, pinched the ear of a little pig which
he had under his cloak, and which filled all
the affembly with his fqueaking. Directly the
people hiffed, and faid he did not do the

pig

pig as well as the other, whom he did not approach at all, and would hear him no longer. Then the countryman drew out the pig which he had under his cloak and shewed it to the assembly, in saying, Behold, gentlemen, see what judges you are; it is not me, it is the pig himself whom you hiss.

XCVIII. *The Cobler and the Financier.*

THERE was at the corner of a street a Cobler who sang from morning until night. It was a pleasure to hear him; he was more contented than a king. His neighbour on the contrary, a man extremely rich, sung little and slept less. If after not being able to shut his eyes all the night, he fell asleep sometimes in the morning, the Cobler did not fail to awaken him by singing; and the rich one complained, that one could not buy sleep at the market, as one buys victuals and drink.——One day he sent to seek for this happy singer, and asked him how much he earned yearly. Yearly! said the merry Cobler: upon my faith, Sir, it is not so that I reckon: it is sufficient if I join the two ends of the year together; but each day brings its bread. Well then, what do you gain daily, replied the rich one? Sometimes more and sometimes less, replied the other. That goes
very

very well, if there are not many feasts when we must not work. The Financier laughing, said to him, as to that my friend, I would render you happy. Behold, here are a hundred guineas which I give you: keep them and make use of them when occasion requires. The Cobler believed he saw all the gold in the world. He thanked him in his manner in making him profound bows. On his return at his house, he interred his money in his cave: he did not work the rest of the day: the night following he did not sleep, and the next day when he sat himself to work, no more singing. He lost his voice and his sleep as soon as he received that which ought to have made him happy. He feared day and night that some one would rob him of his treasure: at the least noise that he heard he believed that some one was breaking open his cave. At last, happily for the poor man, he resolved to deliver himself from his uneasiness; and carrying back the gold which was the cause, to the house of him who had given it him—Take again, said he to him, your guineas, and render me my joy and my sleep.

XCIX. *The Power of Fables.*

THE great Demosthenes, one day when his country was in danger, mounted the

the roftrum, and fpoke very pathetically on
the danger of the ftate, to engage his fellow
citizens to take arms againft Philip, King of
Macedon. But feeing they paid no attention
to him, but on the contrary the people
looked elfewhere quite occupied like children, he changed tone, and continued thus,
—Ceres had undertook to travel in company with a fwallow and an eel: but finding
a river in their road, the eel paffed it fwimming, the fwallow flew over it.—The orator
ftopped at thefe words. And what did Ceres
do, all the affembly afked him? How did
fhe, replied Demofthenes—Ceres full of in-
dignation to fee his people, lend an ear to
childifh tales, and, not thinking of the danger which threatens them, refolved no longer
to grant them her protection. Who did not
mind whether they fhould be flaves to Philip?
—The affembly, confufed, liftened but to the
orator.

THE END.

www.ingramcontent.com/pod-product-compliance
Lightning Source LLC
Chambersburg PA
CBHW082355270326
41935CB00013B/1632